リベンジポルノ

性を拡散される若者たち

メディアジャーナリスト
渡辺真由子

弘文堂

はじめに

大好きな彼氏だから裸の画像を撮らせた。親にも友人にも見せたことのないポーズ、見せたことのない部位。別れたら、画像をインターネットに公開された。クラスの男子たちがニヤニヤしながら私を指さす。SNS（ソーシャル・ネットワーキング・サービス）でも画像はどんどん回されていく。日本中の人が私の裸を笑いものにしている。思い切って大人に相談したら、「なんでそんな画像を撮らせたのか」、と。私が悪いの……？

相手の性的な画像や動画を、同意なしに公開・拡散する行為は「リベンジポルノ」と呼ばれる。我が国では、2013年に東京都三鷹市で発生した女子高生殺害事件を機に、社会問題化した。「私事性的画像記録の提供等による被害の防止に関する法律」（本書では、「リベンジポルノ防止法」と呼ぶ）が2014年11月に施行されてから1ヵ月間で、全国の警察に寄せられた被害相談は110件。被害者の約6割が、20代以下だった。

誹謗中傷や個人情報がネット等で拡散されるトラブルは、いまや珍しくない。だが「性」を拡散されるリベンジポルノの場合、被害者が受けるダメージは甚大であるにもかかわらず、責められるのも加害者より被害者、というのが大きな特徴だ。

なぜ大人たちは、被害者を悪者にしたがるのだろうか。現代の若者たちを取り囲む、ネットやスマートフォンが普及したデジタル社会は、大人が青春を過ごした社会とは様々な点で異なる。そのような社会に生きる若者の実情や心理を、よく理解していないのが一因ではないか。私自身も「大人」の世代なので、そうした戸惑いには強く共感する。

だからこそ私たちは、性的な撮影に至る被害者と加害者の行動や、その裏にある思いをわかろうとする必要がある。さもなければ、本当に責めを負うべきは誰かが見えてこない。

本書は、リベンジポルノの定義を「恋愛（プライベートな関係）に起因するもの」と「性産業（ビジネスでの関係）に起因するもの」の2つに大別し、性的な撮影をめぐる当事者たちへの取材を通して、リベンジポルノが生まれる背景を解きほぐしていく。さらに、デートDV（ドメスティック・バイオレンス）や性暴力、JK（女子高生）ビジネス、人身取引といった切り口からリベンジポルノ被害者の支援に取り組む実践家たちを訪ね、最先端の知見を集約した。

リベンジポルノが増殖する社会に、私たちはどう向き合えばいいのか。本書が読者に、真の意味で若者に寄り添うきっかけをもたらすものであれば幸甚である。「撮らせるな」と声高に注意するだけでは、若者たちの性の拡散を止めることは出来ないのだから。

＊登場人物のうち、カタカナの名前は仮名

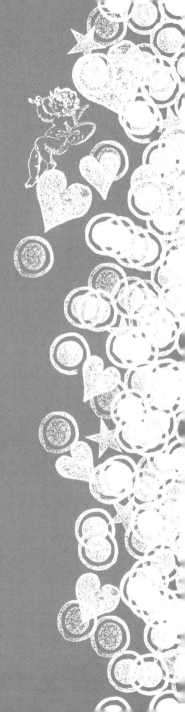

第1章

性が拡散される社会

1 リベンジポルノとは何か

「リベンジポルノ」という言葉は、「リベンジ（revenge）」と「ポルノ（porn）」という2つの英単語を組み合わせた造語である。直訳すればリベンジは「復讐すること」、ポルノは「性的な興奮を引き起こす表現物」だ。すなわちリベンジポルノは、その言葉上、「復讐のために、性的な興奮を引き起こす（相手の）表現物を利用する」行為と解釈できよう。

日本でリベンジポルノという言葉が使われる場合、「恋人や配偶者と別れた腹いせに、交際中に撮影した相手の性的な画像や動画をインターネット上に公開し、拡散する」との意味合いであることが多い。しかし取材を進めるうちに、一口にリベンジポルノといっても、様々な形態が存在する事実が明らかになった。

リベンジポルノが発生する場は、恋愛というプライベートな関係のみでない。風俗やアダルト業界といった性産業における、ビジネスでの関係が絡むケースもある。女子高生が男性向けにサービスをする「ＪＫ（女子高生）ビジネス」や、児童ポルノの制作現場では、子どもも被害にあっている。

性的な画像や動画を公開・拡散する先もネットだけではない。画像がチラシに掲載されてバラまかれたり、動画がＤＶＤに収録されて学校や会社に送り付けられたりする。目的も常に「復讐」とは限らない。別れようとする相手を脅すためだったり、その画像や動画を使って金儲けをもくろんだり、単に周囲の人々に見せびらかしたりといった動機のこともある。だがいずれにせよ、自分の性的な画像や動画が自分の同意なしに公開・拡散されるという意味では、被害者が受けるダメージに変わりはない。

そこで本書は、リベンジポルノの定義を２つに大別する。

●恋愛（プライベートな関係）に起因するもの
恋人や配偶者といった関係において、相手の性的な画像や動画を、同意なしに公開・拡散する行為。

●性産業（ビジネスでの関係）に起因するもの
性を売り物にするビジネスでの関係において、相手の性的な画像や動画を、同意なしに公開・拡散する行為。

どちらも、公開・拡散の目的と手段は問わないものとする。

2 リベンジポルノはいつから日常になったのか

リベンジポルノは昔から存在した

リベンジポルノと聞くと、突然登場した新たな現象に思えるかもしれない。だが、実は同種の行為は昔からあった。元祖といえるのが、いまから30年以上前の1983年に起きた「ニャンニャン写真流出事件」である。人気ユニット「わらべ」の一員だった高部知子氏（当時15歳。以下、年令は事件またはインタビュー当時のもの）が、ベッドで裸体に布団を掛けた状態でたばこをくわえる姿が、写真週刊誌に掲載されたのだ。写真は元恋人が持ち込んだとされる。この写真には性行為を意味する「ニャンニャン」という言葉が付けられ、世間に大きな騒動を巻き起こした。高部氏は芸能活動の自粛に追い込まれた。

その後も2002年に大物男性政治家が、愛人関係にあった女性との性行為の詳細や上半身裸の写真などを、週刊誌にスクープされた。やはり相手の女性からのタレこみである。この政治家はその後、選挙に落選した。2009年には、某テレビ局の女性アナウンサーがコンドームの箱を持って微笑む姿が、写真週刊誌に流出。女性アナウンサーはレギュラー番組を降板させられ、テレビ局を退職する事態となった。たった1枚の写真が当事者の人生を狂わせる事態を、有名人たちはかねて体験してきたのである。

ところが近年は、一般の人々の間でも、そのようなリベンジポルノが発生するようになった。背景には、カメラ機器やデジタル環境の進化がある。20年ほど前までは、カメラといえばフィルムを使うタイプが主流で、手元に写真として残すには、専門店で現像やプリントをしてもらうことが必要だった。だが1990年代末頃から、撮影した画像をデジタルデータとして保存出来るデジタルカメラ（デジカメ）が普及を始め、国内出荷台数は2001年にフィルムカメラを逆転した（総務省『情報通信白書』、2003）。

デジカメの最大の特徴は、撮影した画像の確認と保存を、個人で出来るようにしたことだろう。気に入らない画像はその場で削除が可能で、プリントも家庭用プリンターを使えばいい。店を通す必要がなくなったのだ。これは人々に、性的な画像を撮影するという、従来タブーだった一線を飛び越えさせる一大転機となった。なにしろ外部の人の目に触れずに撮影から保存までの過程を完結出来るため、どれだけ性的に露骨な画像も撮り放題である。

現在39歳の会社員、アキヒロさんは、デジカメが登場したばかりの時期のことをよく覚えている。

「1998年頃だったかな。父が当時まだ珍しかったデジカメを手に入れたんです。すると周りの友人たちから『彼女と旅行するから貸して』と頼まれるようになって。返される時には撮影した画像は削除されているんだけど、父は復元方法を知っていたので復元してみたら、ほぼ皆そういう画像を撮っていたそうですよ。エッチしている時の画像」

性的な内容を撮影したいという欲求は、もともと多くの人が内に秘めていたのだろう。その実現を可能にする道具を与えられた時、欲求は開花する。

当時、撮影した性的画像はあくまで個人の間で鑑賞したり、やり取りしたりするものだった。それらを不特定多数の人々へ向けて「公開」することを可能にしたのが、インターネットである。1995年にWindows95が発売されて以降、ネットは急速に普及した。個人がホームページを作成し、画像や文章を掲載することも出来るようになった。

携帯電話の普及も並行した。1999年にネット接続が可能な携帯電話が登場し、2000

年にはカメラ機能も加わる。携帯電話で撮影した画像を、電子メールに添付して他者に送信する行為も流行りだした。そのようなメールは「写真付きメール」、略して「写メ」と呼ばれた。

性的な画像を撮影しようとしたのは大人だけではない。女子中高生の間で２００６年頃から、「プロフ」という自己紹介用のホームページを作ることが人気を集め始めた。自分の画像と共に名前や学校名、連絡先などの個人情報や趣味などを掲載する、主に携帯サイト向けのサービスである。そこに、自分の性的な画像を載せる少女が続出した。下着姿やセクシーなポーズ、果ては裸や局部のアップまで。画像が過激であればあるほど、プロフへのアクセス数が増えるからだ。

だが、ネットに載せた画像には、他人にも「保存」が可能という特徴がある。こうした少女たちの画像が他人に無断で保存・コピーされ、出会い系サイトなどに張り付けられる問題も起きた。高校時代にプロフが流行ったという自営業のワカナさん（25歳）は言う。

「プロフの画像が勝手に転載されるっていう話は、当たり前にありました。『悪用』って私たちは呼んでいましたね。リベンジポルノと言われ始めたのは最近ですけど、『あるよね～』みたいな感覚のまま私たちはきています。画像だけじゃなくて、学校名とか名前とか電話番号とかメールアドレスとかも、援助交際を募集する掲示板にわざと貼られちゃったりとか。彼氏に自分との性体験の内容を詳しくブログに書かれたりっていうのも、日常的にもう、すごくありました」

ネットの普及により大きく変わった点がもう1つある。「交流」だ。プロフには、閲覧者と交流するための掲示板も付いていた。リアルタイムで文字による会話が出来る「チャット」も流行りだす。ネット上に登場した様々な交流サービスは、個人が不特定多数の相手と知り合う機会を増大させた。

「リク写」という言葉が聞かれるようになったのもこの頃。「リクエスト写真メール」の略だ。ネット上で知り合った相手から、下着姿などの写真を携帯メールに添付して送るようリクエストされ、応じた代わりに金をもらう。1枚数百円から、内容次第で数千円にもなる。女子中高生の間では、「手軽なアルバイト」として人気だった。

事例

チャットで画像を要求された小学生

大学1年生のユカさん（19歳）は、小学4年生だった2006年頃から、家族共有のパソコンを使うようになった。両親は共働きで帰宅が遅く、リビングに置いてあるパソコンは夜まで使い放題だった。5年生になって利用を始めたのがチャットのサイト。「小学生向け」と銘打たれたサイトで、全国から小学生が集う。同年代の女の子とコミュニケーションをとるのが楽しく、夢中になった。

ある時、いつものようにチャットで女の子とやりとりしていると、突然画面の中で、「こんにちは。何してるの?」と知らない人が話しかけてきた。「16歳の男子高校生」だという。その男性に年齢を聞かれ、正直に「11歳」と答えた。ユカさんは女の子と、学校のことなどのたわいもない話を続け、男性は相槌を打ちながら聞いていた。

しばらくすると男性は、「ちょっといい? 2人だけで『内緒モード』で話さない?」とユカさんを誘ってきた。内緒モードとは、周りの人には非公開の形で、1対1でチャット出来るサービスだ。「他の子もいるけど?」と、これまでやりとりしていた女の子を指すと、「いや、でも一番話したいのはA(ユカさんのハンドルネーム)ちゃんだから」と言われた。自分が特別扱いされたようで少し嬉しかった。

内緒モードで会話を始めると、「他の子にはバレないように、メールで話そうよ」と男性は提案してきた。携帯電話を与えられていないユカさんは、自分専用のメールアドレスは持っていない。パソコンで使えるメールアドレスも、「まだ子どもには早い」と親に言われ、作ってもらえていなかった。そのことを男性に伝えると、「こっちでフリーメールのアドレスを作ってあげるよ」。2人きりでやりとりするのはちょっと危ないかな、との考えが頭をかすめたが、「せっかくメールアドレスを作ってもらえるんだから、いいか」と思いなおした。初めて年上の男性と知り合ったワクワク感もあった。

男性とチャットで出会ってから、メールで連絡を取り合うようになるまで、わずか数時間。「どこに住んでるの」と聞かれた。少し警戒心を持ったユカさんが、実際に住んでいる都市ではなく近隣の都市名を挙げると、「俺と近くだね。いつでも会おうと思えば会えるね」と男性。さらに「俺はこういう感じだよ」と、自分の画像をメール添付で送ってきた。鏡に映っている自分の全身のうち、首から下を撮影したものだ。痩せ型、トレーナーにジーンズ姿で、お世辞にもお洒落な感じではない。本当に高校生なのかどうかもわからなかった。

「Aちゃんの顔写真も見たいな」と男性はせがんできた。だが、なぜ自分は顔を隠すのだろうか。「なんか怪しい」と思った。男性の顔写真を確認したかったが、メールアドレスを作ってもらったことに恩も感じ、機嫌を損ねるのではないかと思うと言いだせなかった。

　こちらの顔写真を欲しいと求められても、携帯電話を持たないユカさんには気軽に撮影出来る手段がなかった。デジカメで撮影するにしても、画像をパソコンに保存してメールで送るという一連の方法がよくわからない。画像は送れないことを男性に言うと、「うーん、そっかあ」と残念そうな素振りを見せた。だがその後も「何とかして画像ちょうだい」「外で会おう」などとしつこくメールが届き、怖くなったユカさんはひたすら無視した。2、3日してようやく男性からのメールは収まった。

「もしあの時に自分の画像を送っていたら、危ない目にあっていたんじゃないかな。でも、チャットで男性と知り合ったことがバレたらパソコンの利用を禁止されそうなので、親には相談しませんでした」とユカさんは振り返る。

スマホやSNSの普及

２０１０年頃から、ネット環境にはさらなる進化が見られるようになる。「スマートフォン」の登場だ。スマートフォン、略してスマホは、ネットの閲覧性を高めるなど、パソコン並みの機能を搭載した高機能携帯電話だ。スマホの世帯普及率は、2014年3月時点で54・7%と5割を超え、急速に広まっている（内閣府『消費動向調査』、2014）。とりわけ高校生のスマホ保有率は、2014年で88・1%と、約9割に達する勢いだ（総務省『青少年のインターネット・リテラシー指標等』、2014）。

スマホでは、「アプリ（アプリケーション・ソフトウェア）」と呼ばれる、様々な目的に応じたコンピューター・プログラムをインストールすることが出来る。なかでも若者に人気があるのが、SNS（ソーシャル・ネットワーキング・サービス）のアプリだ。SNSとは、その名の通り社会的なつながりを作り出すサービスで、一般に会員制の交流サイトを指す。フェイスブック（Facebook）やツイッター（Twitter）が代表的だ。

SNSにユーザー（会員）が投稿した画像は、それを見た別のユーザーに保存・コピーされ、また別のユーザーに転送されるということが簡単に行われる。つまり、短期間で無数のユーザーに「拡散」されるのだ。最初はそのSNS内だけで拡散されていた画像が、いつの間にか外部のブログや掲示板にも転載され、さらに拡散が続くこともある。ひとたび自分が投稿した画像が拡散され始めると、それを中断させることはなかなか難しい。性的な画像を軽い気持ちで投稿し、後で慌てて回収しようとしても手遅れで、その画像は永遠にネットの海を漂う場合もある。

こうしたSNSアプリに、最近はテレビ電話機能が付いたものまで登場した。「斉藤さん」である。2011年に公開され、2014年末までのユーザー数は、10代から20代を中心に1200万人を超えた。「斉藤さん」では、簡単な操作で、無作為に選ばれたユーザーとつながり、無料でのテレビ電話を楽しめる。一方、テレビ電話を通して少女が相手から、カメラの前で自慰行為をしたり服を脱いだりするよう要求されるケースも発生している。相手に顔を見せてしまう少女も多い。テレビ電話に映し出された画面は、相手がその場でスクリーンショット（静止画保存）という機能を使えば、静止画として保存をすることが可能だ。保存された少女たちの性的画像は、ネット上で拡散されていく。

だが少女たちは、「斉藤さん」に潜む危険性をあまり認識していないようだ。大学生のレイミさん（19歳）は嘆く。

「あのアプリにつながると、ほとんどの場合は勃起した男性が出てくるって、皆言いますね、ホント。私は怖くてやっていないけど、周りには結構そのアプリやってる子多くて。『チョー危なくない？』って聞くと、『え、それ危ないの？　気付いてなかった』って言われますよ」

撮影、公開、保存、交流、そして拡散……。デジタル環境の進化は、現代の我々の暮らしに、リベンジポルノが「日常」となる土壌を整えた。

北米で先行

日本でリベンジポルノが問題視される前から、この種の行為が深刻化していたのが米国である。２０００年代後半から、少女たちの間で、自分の裸や下着姿の画像を携帯メールに添付して恋人に「プレゼント」するのが流行りだした。メールを送ることを意味する「テクスティング（texting）」とセックスをかけ、「セクスティング（sexting）」と呼ばれる。

２００８年に米国で行なわれた調査によれば、13〜19歳の少女のうち、自分のヌードやセミヌードの画像を送信したことがある少女の割合は22％に上った（The National Campaign to Prevent Teen and Unplanned Pregnancy等調査）。オハイオ州では、交際していた18歳の女子高生から裸の画像を送られた男子生徒が、その後別れた腹いせに、画像を他の生徒たちに転送する事態が発生。女子高生は学内で「売春婦」と罵られ不登校になり、２００８年7月に自殺した。

リベンジポルノ専用の投稿サイトも乱立した。元恋人や元配偶者に復讐したいと考える人々から、相手の性的画像を募って掲載する。広告収入を得るビジネスにするのが目的だ。被害者からの削除要請には、基本的に有料でしか応じない。こうしたサイトの代表格が「Is Anyone Up?」だ。2010年に立ち上げられた同サイトは、画像を掲載された被害者のフルネームや職業、住所などの個人情報も公開し、月最大30万ページビューのアクセスを集めていた。創設者は2014年1月、個人情報の窃盗や共謀罪の容疑で逮捕された。

リベンジポルノが社会問題化する反面、米国では、画像の撮影に関するアプリが充実の一途を辿っている。特に高校生に人気なのが、2011年にサービスを開始した「スナップチャット（Snapchat）」。スナップチャットで送る画像には、1〜10秒間の閲覧時間を設定出来る。設定時間を超えたら、画像は自然消滅する仕組みだ。このため、普通なら恥ずかしくて送るのをためらうような性的な画像も、気軽に送れる。

だが実際には、受け取った側がスクリーンショット機能を使えば、画像は保存されてしまう。保存した場合には、画像の送信者に通知が行くようになっているが、「相手に通知されずに保存できる方法」もネット上では飛び交っている。2014年には、スナップチャットで送信された画像を保存できる他社のサービスが、ハッキングの被害にあった。約20万人分の画像が盗まれてネット上の匿名掲示板に公開され、中には性的に露骨な画像が大量に含まれていたと報じられている。

スナップチャットはまだ日本語による本格的なサービスを開始していないが、今後は日本の若者にも広まっていくのか、要注目だ。

日本で表面化したきっかけ

2013年10月9日の夜、某週刊誌の編集部から私に連絡が入った。

「三鷹市で殺害された女子高生の性的な画像が、ネットに出回っているんです。コメントをもらえませんか」

その時初めて、ネットで何が起きているのかを知った。

前日の8日夕方、東京都三鷹市に住む高校3年生の女子生徒（18歳）が、自宅で元交際相手の男に刺殺された。第一報の段階では、交際関係のもつれによる事件と推察されたが、それにとどまらない底知れぬ闇が、ネット上に広まっていた。

殺人などの罪で起訴された元交際相手は、池永チャールストーマス被告（21歳）。池永被告と女子高生は2011年10月にフェイスブックを通じて知り合い、交際を始めた。その後女子高生から別れ話を切り出された池永被告は、復讐のため、交際中に女子高生から送られた性的な画像や動画を、海外のアダルトサイトに投稿したのだ。投稿は殺害の数日前で、さらに殺害直前には、投稿先のサイトのアドレスをツイッターや巨大掲示板「2ちゃんねる」で公表。刺殺直後の逃走中にも、別の掲示板にアドレスを公表し、多くの人の目に触れられる状態にした。

事件当日の深夜には、この画像や動画の存在がネット上で大きな騒ぎとなり、2ちゃんねるを中心に無数のサイトにデータがコピーされ、急速に拡散していった。「女子高生の性的画像」を見ようとする人々のエネルギーは計り知れない。私の周りの知人男性たちも、夢中でネットを「捜索」し始めた。「一晩中探したよ」と充血した目で話す知人もいた。別の知人は「ようやく見つけた」と、画像や動画を私のもとに送ってきた。

そこに写っていたのは、恋人を喜ばせようと、無邪気に自分の身体を撮影していると見られる少女の姿だった。その表情やポーズからは、相手を信頼しきっていることが窺える。まさか裏切られてこの撮影内容を公にバラまかれるとは、微塵も思っていなかっただろう。

池永被告は彼女から別れ話を切り出された際にも、自分のもとにつなぎとめるために、これらの画像を利用した。「復縁しなければ、ネットに画像を流出させる」と脅したのだ。それでも彼女は応じず、池永被告は殺害を実行するに至った。

池永被告は、２０１４年8月、一審の裁判員裁判による判決で懲役22年を言い渡された。だが翌年2月の控訴審判決は、「リベンジポルノ行為は起訴内容に含まれなかったにもかかわらず、一審の量刑判断で重視された疑いがある」として、一審判決を破棄し、審理を差し戻した。このため、当初は娘の名誉が傷つくことを懸念してリベンジポルノに関する告訴を見送った両親は、２０１５年7月、「池永被告の行為が漏れなく処罰されることを求めたい」などとして告訴。東京地裁立川支部は、翌8月、「児童買春、児童ポルノに係る行為等の規制及び処罰並びに児童の保護等に関する法律」（以下、「児童買春・児童ポルノ禁止法」と呼ぶ）違反（公然陳列）罪などを併合して審理することを決めた。

ネットに拡散した被害者の性的画像は、表向きは全て削除された。しかし、既にダウンロードした人々の間では、水面下でやり取りが行なわれていると見られる。またネット上では、被害者の自宅住所や日常生活、親戚関係といったプライバシーの暴露や、被害者に対する誹謗中傷が現在も行なわれている。被害者の尊厳は踏みにじられ、遺族も多大な2次被害にさらされることとなった。

この事件を機に、日本でも「リベンジポルノ」という言葉が知られるようになり、２０１４年の流行語大賞にもノミネートされた。その後も、リベンジポルノに関する事件は相次いで発生している。恋愛に起因するものとして、2014年11月、元交際相手の女子高生に「じっくり時間をかけて復讐する。覚悟してね」などという脅迫メールを送ったとして、ストーカー規制法違反の疑いで、埼玉県川口市の無職の男（28歳）が逮捕された。女子高生に別れ話を切り出され、同女の性的な画像や動画を公開すると脅していたという。

子どもだけでなく、大人が被害にあうケースも多い。三鷹事件後間もない2013年12月、東京都青梅市の無職の男（30歳）が交際相手の女性（30代）から別れ話を告げられたことに腹を立て、「2人でいたときに撮った裸の写真や映像をバラまくぞ」などと脅し、無理やり交際を続けさせようとしたとして、強要未遂の疑いで逮捕された。2014年5月には、元交際相手の女性（30代）が半裸で写っている画像をSNSに投稿し、不特定多数の人が閲覧できる状態にしたとして、名誉毀損の罪に問われた埼玉県上尾市の無職の男（46歳）に懲役10ヵ月の実刑判決が下された。

スポーツ界でも2014年5月、プロレスラーの男性選手（34歳）が、不倫相手の女性から2人の性的な画像や生々しい会話の内容をツイッターやブログにさらされ、騒ぎになった。このケースでは男性選手側に、相手との関係性や相手への発言において不適切さがあったことが問題視され、選手は所属先から、2ヵ月の出場停止と30％の減俸処分を言い渡された。

恋愛関係のもつれは同性愛者間でも起きる。2014年8月、名誉毀損などの疑いで、岐阜県各務原《かかみがはら》市の無職の男（22歳）が逮捕された。男は、かつて交際していた会社員男性（25歳）の裸が写ったわいせつな動画を、ネットの動画投稿サイトに男性の名前とともに投稿したとされる。

性産業に起因するリベンジポルノとしては、現役市会議員が加害者となった事件が世間に衝撃を与えた。2014年5月、奈良県葛城市の市議の男（27歳）が、女子高生（17歳）にみだらな行為をしたとして、県青少年健全育成条例違反の疑いで逮捕された。この市議は、女子高生とのわいせつな行為を撮影した動画を有料動画投稿サイトに公開し、閲覧数に応じて収入を得ていた。同容疑などで起訴された市議はその後、別の女子高生（17歳）とも同様の動画を撮影、公開したとして追起訴された。「生活費などに金が必要だったので、動画を売っていた」と供述。稼いだ金額は1200万円以上に上る。被害にあった女子高生らは、自身の無修正動画が公開されたことに強いショックを受け、1人は周囲に知られて登校できなくなったという。

同年4月には、女子中学生（14歳）とわいせつな行為をしたとして、東京都世田谷区の無職の男（24歳）が、都青少年健全育成条例違反容疑で逮捕された。男は女子中学生に水着や体操服でコスプレをさせて撮影し、画像をネット上で1セット（108枚）900円で販売していたとされる。「他にも10人以上の少女と性行為をし、撮影して売った」と供述していることも明らかになった。

性産業に起因する事例に関しては、風俗やAV（アダルトビデオ）業界、JKビジネス、児童ポルノの制作現場においても多数あるが、逮捕にまで結び付くケースはなかなかない。

リベンジポルノが増殖する社会に、私たちはどう向き合えばいいのか。そもそも、リベンジポルノが生まれるのはなぜか。次章からは、若者の性の問題に取り組む支援者たちの声に耳を傾けながら、リベンジポルノの背景を掘り下げていく。

第2章

リベンジポルノはなぜ生まれるのか

1 性を拡散するというコミュニケーション

リベンジポルノを見聞きするにつけ、私たち大人の脳裏にまず浮かぶのは、「なぜ性的な画像を撮るのか」という疑問ではないだろうか。リベンジポルノに関するニュース番組でも、年配のコメンテーターたちが「どうして撮るのか」「撮らせるのか」と熱く議論している。1975年の早生まれ、現在40歳の私も同感だ。若者のネット利用をめぐる問題を長年取材し、彼女ら彼らの心理にはそれなりに詳しいつもりだったが、「性的な画像を撮る・撮らせる」という行動についてては理解の範疇を超えていた。性的な被写体にカメラを向けることに、心理的なハードルの高さを感じずにはいられないのだ。

このハードルが高いか低いかを分けるのは、恋人と濃密な時間を過ごし始める青春時代にネットや携帯が身近にあったかどうか、という点かと思われる。前述のように、現在40代以上の人々にとって、青春を共に送ったのはフィルムカメラだ。写真として残すには店へ現像に出す必要があるため、自ずと撮影内容には節度を保つ。しかもフィルムカメラといえばかつては首から下げる重くて大きなタイプが主流で、その後徐々に小型化したとはいえ、常に持ち歩く代物ではない。恋愛中だからといって、いつでもどこでも気軽に撮影出来るわけではなく、ましてや性的な姿を撮るというのはいわば禁忌だった。その当時の感覚が残っている、私も含め多くの大人にとって、性的な撮影は「とんでもないこと」なのだ。

もちろん私も、デジタル環境の進化に伴い、いまの若者の間で撮影が気軽な行為になっていることはわかる。それでも、さすがに性的な内容を撮影するのは、性的好奇心が過度に旺盛だったり性的モラルが著しく低かったりする「ごく一部の」「特別な」若者ではないか、との思いが拭えなかった。

若者のことは若者に近い人に聞くべし。私は、一般社団法人「Ｃｏｌａｂｏ」の代表、仁藤夢乃さんを訪ねた。Ｃｏｌａｂｏは女子高生サポートセンターとして、家庭や学校での居場所や社会的なつながりを失った少女たちの自立支援を２０１１年から行っている。仁藤さん自身も、インタビュー当時は24歳。若者の一員としての皮膚感覚を活かしながら、少女から恋愛や性の相談を受けることも多い。

「恋愛関係で裸の画像を撮ることは、普通に身近にありますよ」

いきなり、衝撃の一言が仁藤さんの口から飛び出した。

「私の出会う中高生の中では、当たり前のようにやっている子が多いです。スマホがあるから何でも写真に撮るんですよ。その流れで、彼氏とベッドでの2人の写真を撮っている子もいる。ツイッターなどのSNSにも、布団を胸の上まで引き上げて、裸の肩から上を見せて彼氏と一緒にベッドにいる、みたいな写真はゴロゴロ出てきます。ネットにはアップしないけれど、彼氏とのセックスの写真を撮影している子も少なくないと思います」

確かにツイッターには、高校生と思われる少女たちが「彼氏とホテル」「彼氏とベッドイン」などというコメントと共に、お互いの裸の一部を写した画像が散見される。高校生にとって、恋人と性交する関係に至ることは「同級生よりも一歩先に大人になった」ことを意味するため、そのような自分を自慢したい心理も働くのだろう。

仁藤さんと同年代の友人の間でも、恋人と性的な画像を撮り合う行為は日常茶飯事だという。

「私の友達でも、LINEのビデオ通話とかで彼氏と結構裸を見せ合っていた子もいます。リベンジポルノという言葉が広まってから、相談されました。その彼がすごいDV男だったので、『リベンジポルノってあるじゃん。別れたらあれをやられそうで怖い』と、青ざめてました。あと、留学中の彼氏がいる子も、スカイプで裸を見せ合ったりしています」

「LINE」とは、無料でメールや通話が出来る、若者に人気のコミュニケーション用アプりだ。スマホに内蔵されたカメラを通して、テレビ電話のようにも使える「ビデオ通話」機能も付いている。「スカイプ（Skype）」も同様に、テレビ電話が出来るサービスである。こうした手段を使って、若者たちは日常的に性的な画像や動画を送り合っているというのだ。

「友達からも、『え、そういうことない？ 彼氏に撮らせたことないの？』みたいな感じで聞かれました。『そうだよね、あるよね。みんなあるよね』って話を、その場にいた女の子たちでしていました。性的な撮影が普通になっているかもしれません」

仁藤さん自身も中学生の頃から、性的な画像には当たり前のように触れていた。

「携帯を持ってからは、ネットで女の子の裸の写真とかいくらでも見かけたし。10代の時に読んでいた雑誌の投稿コーナーにも、肩下ぐらいまで裸のカップルの写真ならいっぱい載っていたし。だからなんかもう、普通に生活の中にありましたね」

もはや、こうした若者たちは「ごく一部の」「特別な」存在ではないようだ。スマホの普及により、性の記録を送り合う行為は非常に身近になっている。だが、手段がいくら整ったとはいえ、それらを実際に使うかどうかはまた別の話だ。スマホは持っていても、「撮影しない」という選択肢もあるはず。なぜ若い恋人たちは「わざわざ」、頻繁に性的な画像を撮影しようとするのだろうか。仁藤さんは言う。

「写真を撮ることが、日常になっているんだと思います。コミュニケーションの一環、みたいな。食べたご飯を撮影してSNSに投稿するのと同じような感覚でしょうね」

本来、撮影とは何かを「記録」するためのものだが、いまの若者にとって撮影は、「コミュニケーション」の一方法と化していると見られる。彼氏と一緒にお風呂に入るというのは、2人が共有する時間を盛り上げたり、親密度を深めたりする行為だ。性的な撮影はまさに、そうした行為の代替となるのかもしれない。

自分の性的な画像を相手に見せることに抵抗のない若者たち。撮影した内容が性的なものでなければ、ハードルはさらに低くなる。2人の女子高生に話を聞いた。

事例

出会い系サイトで知り合った相手に顔画像を公開

高校3年生の春休み。関東在住のリナさん（18歳）は暇を持て余していた。友人たちは彼氏と過ごしているか、アルバイトで忙しい。彼氏がおらずバイトもしていないリナさんは、遊び相手をネットで探し始めた。「出会い」「簡単」「確実」などのキーワードでスマホのアプリを検索していると、いわゆる「出会い系」のアプリを見つけた。それまでSNSは愛用していたものの、出会い系は未体験。だが、思いきって使ってみることにした。

「出会いをネットで探そうと思ったのは、やっぱりネットが気軽に使えるメディアだったのと、何気なく検索したら興味深い内容だったので。いつでもやめられるという感覚で始めました」

「ドキドキ郵便箱」というその出会い系アプリは、知らない人にランダムにメールを送り、やり取りが出来る仕組みだ。先の「斉藤さん」のメール版といえよう。リナさんも、「受験が終わってヒマなので話しませんか」と送ってみた。すると早速返事が。何度かメールを交わすうちに、相手は同い年で、遠い他県に住む男の子だとわかった。2人は話が盛り上がり、男の子は「このアプリでやり取りを続けるのは面倒だから、『カカオトーク』で話さない?」と言ってきた。リナさんも「いいね」と応じた。

カカオトークとは、LINE同様、無料でメールや通話が出来るアプリだ。プロフィール画像を設定する機能もある。リナさんは彼に見せるため、プリクラ（写真シール印刷機）で撮影した自分の顔を公開した。

「可愛く写るよう、バンバン修正しているやつを選んだんです。その画像なら、ある程度バレてもいいやと思っていたので」

だが男の子は、プロフィール画像に自分の顔を載せていなかった。こちらの顔だけがバレているのは嫌だ。相手の顔も知りたい。「普段の様子を撮った写真とかないの」と聞くと、「いや～、あんまない」と消極的な答えが返ってくる。

「この男の子の顔を直接見てみたい。会う約束をしたい」との思いが、リナさんの中にふくらんできた。会ってみて、もし気が合ったり雰囲気が良さそうだったりしたら、付き合ってもいいかな、と考えた。

「その男の子なら、同い年だし安全そうだったんですよね。出会い系アプリでは『おじさんの下半身を慰めてよ』みたいな性的なメッセージが送られることも多かったので、そういうおじさんよりはずっといいやって。ネットで出会った人と付き合うのは、特に抵抗はないです。『ま、いっかな』という感じ。私の高校は男子が少なくて、現実社会で出会いがなかったから。せっかくならネットで彼氏も出来たらいいかな、みたいな下心はありました」

ネットで知り合った人と直接会うことにも、あまり危険は感じない。リナさんの周りには、ネットで男の人と出会い、交際に発展した先輩がいた。自分も出会いに「成功」したい、と思った。

「実際に会うことになっても、何かあったら逃げればいいじゃないですか。それを心配するより、なんかちょっとスリルがほしいなと。何かあったときにどう逃げるかまでは、深く考えてなかったんですけど」

なんとかして会いたいと思いながらメールを続けていると、男の子から「春から東京の大学に通う予定だから、今度キャンパスを下見に行くんだ」と言われた。すかさず「その時会える？」と聞くと、「いや、たぶん忙しいから会えない」と断られてしまった。顔写真を要求したり直接会いたがったりするリナさんを警戒したようだった。そこで2人の関係は終わった。まだ、お互いの本名も学校名も知らなかった。

次の相手も出会い系で探そうとしていたリナさんにブレーキをかけたのは、友人の一言だった。

「やめな。暇つぶしにしても危ないよ。それ以上続けていたら縁切るよ」

珍しく真剣な口調。「もしかして自分は、結構危ないことをしてきたかも」。その後、出会い系は使っていない。

事例

自分の顔をネットで評価してもらう

高校2年生のヨウコさん（17歳）は、ネットの巨大掲示板「2ちゃんねる」で、「顔面評価スレ」を見つけた。スレとは「スレッド」の略で、特定の話題をやり取りするコーナーを指す。顔面評価スレは、ネットユーザーが投稿する自分の顔画像を、不特定多数の閲覧者があれこれ批評するコーナーだ。投稿するのは主に、10代から20代前半とみられる若い女子と男子。自分で撮影した顔のアップや免許証、パスポートの顔写真を公開し、「評価お願いします」と頼んでいる。それらの画像に対し閲覧者たちはコメントで、「可愛い！」「好みのタイプ」などと褒めたり、「キモい」「目がよどんでる」などとけなしたりと、言いたい放題だ。

「そのスレッドに投稿されている画像には、なんかちょっとお世辞にもかわいいとは言えない人のものも結構あったんです。なので自分だったら、まあ普通の上ぐらいの評価はくるかなと」

そう思ったヨウコさんは、部屋で何枚も自分の顔をスマホで撮影した。すると、なかなか可愛いく写った画像が撮れた。「これ投稿したら、一番高い評価出るんじゃゃないの」。意気込んで投稿しようとしたら、スレッドの注意書きに目がとまった。「このスレッドに投稿した画像がその後どう広まっても、一切関係ありません」「投稿することはお勧めしませんが、それでもいい人は投稿して下さい」。

「あー、やっぱり駄目だ、やめておこう」と踏みとどまった。

ネットで自分の顔を評価してもらいたいと思ったのは、客観的な評価がほしかったから。日頃、友達に「私の顔ってどうかな」と聞いても、みんなにはぐらかされた。「性格が面白い」などと、中身の話にすり替えられてしまう。外見についての正直な意見に飢えていた。

「やっぱり自分に自信がないからでしょうね。ネットに投稿して、見た人から『いいよ』と言われたら嬉しいだろうなって。これまでは自分の容姿について、『それでいいんだよ』とはっきり言ってくれる人がいなかったから」

自分と同年代の少女が、2ちゃんねるで「女子高生」というタイトルのスレッドを立て、画像を投稿しているのをよく見かける。最初は足元など無難な部分を撮り、閲覧者の男性たちから「もっと見せて」とコメントが来るのを待つ。リクエストが多ければ多いほど、「じゃあ」と胸元や下着姿など、どんどん過激なものを投稿し、さらに反応を待っている少女たち。

「彼女たちも、私みたいに自分に自信がない子じゃないかな。良い評価がほしいから、自分からわざと、そそるような画像を撮っちゃう。そういうのも寂しさで、構ってほしいという表れじゃないかと思います。普段あまり人と話さないような子が、ネットの中でチヤホヤされたくって、自分の一番いいところだけを写して投稿してる。その画像が悪用されるかもしれないとは、あまり意識せずに。意識していたとしても、『まだ大丈夫』と自分に言い聞かせて投稿し続けたりとか」

男子も被害者に

性的な画像を積極的に撮影するのは、女子だけではない。「男の子版もいっぱいありますよ」と仁藤さんは言う。

「お尻が出ている後ろ姿を友達に撮られたり、男の子たちが並んでお尻を出していたり。男性器を露出した画像も見たことがあります」

仁藤さんが高校生だった10年程前から、周りの男子はそうした画像をＳＮＳに公開していた。

「下着をはかずに川で遊んでイエーイ、みたいな画像とか。男の子はそのままミクシィ（mixi、ＳＮＳの一種）とかにアップしてて、それを見た女の子が『隠せよ』とコメントしたり。私達の間でも、そういうことは普通にやってましたね」

女子が彼氏の性的な画像を撮影し、拡散することも、珍しくないという。

「女子中高生が彼氏の画像をさらしていることもあります。元彼の性器の画像とか、裸でタバコを吸っている姿とか。10年位前から、友達とのやりとりの中で見るようになりました。『この男とヤッた』とかのコメント付きで、ＬＩＮＥやミクシィで仲間宛てに送ってきたりするので。性的な画像は日常にあふれてます」

少年たちが裸の画像を撮影することが、性的ないじめにつながることもある。

「性被害にあっている男子もすごく多くて。高校を中退した私の男友達は、裸にされて写真を撮られるいじめにあっていました」

２０１４年7月には、山口県下関市内の公立中学2年生の男子（13歳）が、部活動の練習後に先輩の男子生徒から「ズボンを下ろして向こうから歩いて来い」と言われ、下半身を出した状態で歩いている様子を動画で撮られていたことが報じられた。動画はＬＩＮＥに掲載され、

7人程度が閲覧できる状態にされたという。

同年11月、福岡県福岡市内の県立高校では、男子生徒が水泳の授業後、更衣室で同級生グループから押さえ付けられて水着を脱がされ、尻を蹴られていたことが発覚。同級生はその様子をスマホで動画撮影し、ネットの動画共有サイトに公開したとされる。

自分の性的な画像や動画を無理矢理撮影され、多くの人の目にさらされて笑い物になる。被害者が受ける心理的な苦痛に、性別は関係ない。

「合意の上」で撮影させる少女たち

一方、恋愛関係におけるコミュニケーションとして、女子が「合意の上で」性的な撮影をする場合でも、そこには様々なリスクが潜む。自分の裸画像を彼氏が勝手に友達に見せるリスク、別れたくなった時に画像をネタに脅されるリスク、別れた後に画像を拡散されるリスク……。

「このような危うさいっぱいの撮影に、少女たちが自ら積極的に応じるはずがない。性的な画像を撮影される少女というのは、彼氏に強要された『被害者』に違いない」

私はそう思い込んでいた。そこで、「彼氏から撮影を要求されると、断るのは難しいのか」

という聞き方を仁藤さんにしてみた。

「恋愛関係の場合、彼氏に裸の画像を送ることを求められても、嫌だと思わない子は少なくないと思います。私の友達とか、後輩にも、嫌だという感覚を持たず、彼氏と性的な写真を送りあっている子がいます」

また意外な答えが返ってきた。少女たちは性的な撮影に嫌々応じているわけではない、というのである。なぜ、嫌ではないのか。

「彼氏だから」

仁藤さんは即答する。

「だって彼氏だから。裸の画像を送ってと彼氏から言われたら、むしろ嬉しいという子もいます。ベッドでの写真や2人一緒の写真は、彼氏からお願いされて撮影するというよりも、女の子からすすんで撮影している場合も多いです」

彼氏から自分の裸の画像をねだられることは、嬉しいものだろうか。笑顔の画像ならまだしも裸のそれを欲しがられることは、自分が性的な対象としてのみ見られているようで、「失礼」とは感じないのだろうか。

そもそも、性的な画像をひとたび相手に渡せば、別れる時に悪用されるかもしれないのだ。

そのようなリスクの高い行為に誘ってくる相手を、「迷惑」と突き放したくはならないのか。

「いつか別れるかもとか、先のリスクは自分のこととして考えられていないです。性的な経験も初めてだったりして、キャッキャしていたりとか。スカイプで、『自慰しているのを見せて』と彼氏に言われて応じる女子高生もいます。彼氏に自慰でAVを見て抜かれるよりマシ、と考えているそうです。友達と写メを撮るのと同じような感覚で、していると思いますね」

高校3年生のミサさん（18歳）は、まだ交際経験がない。だが、リベンジポルノのニュースを見聞きすると、他人事ではないと感じるという。

「もし自分が彼氏から『性的な画像送ってよ』と言われたら、送ってしまう可能性も少なくないと思うんですよね。一番自分にとってありそうなのは、キスした時とかに撮った写真を、後で流出されたりすること。その場に一緒にいたら、『撮ってもいい？』と聞かれても、抵抗なく『いいよ』と言ってしまいそうです。お互いに安心している関係だと、大丈夫だろうとか、そういうことには使わないだろうと思ってしまう。仲良く付き合っている時は、別れた後のことまで考えられないですから」

どうやら恋愛まっただ中の少女たちには、後先を考える余裕がないようだ。まだ若いのだから相手と結婚する可能性は低く、そのうち別れるというのは冷静になればわかるだろうが、そこまで思いが至らない。大人の場合は結婚を意識し、恋愛相手を学歴や年収などの条件で選びたくなるため、交際中でも、「この人とはいずれ別れて、より良い条件の相手を見つけたい」といった打算が働くことがある。自分のキャリアや暮らしなど「守るべきもの」も増えてくるため、性的な撮影のようなリスクの大きい行為には、付き合っていられなくもなるだろう。だが10代の少女の恋愛はあくまでピュアなのだ。

実際に性的な撮影に応じた経験のある少女は、どんな思いだったのか。直接会ってみることにした。

性的画像や動画を撮影する少女

事例　喜んでもらえて嬉しい

大学2年生のユリさん（19歳）には、入学当初から付き合っている同級生の彼がいる。ある時、彼の一人暮らしの部屋で一緒に過ごしていると突然、「ユリの上半身裸の画像、撮っていい？」と聞かれた。

「え、ちょっと待って」との思いが一瞬頭をよぎった。男の人から、そんなことを頼まれたのは初めてだった。画像を悪用されたりしないだろうか。だが彼は、「1週間後には消すから」と言う。これまでの2人の関係でも、彼はユリさんが嫌がるような過激な性行為はしないなど、大切にされている感じがあった。

「この人なら信用出来る」。思い切って了承した。

撮影は、ユリさんがポーズを取りながらスマホで数枚。約束どおり、1週間後には目の前で削除してもらった。

彼からの頼みに戸惑った一方、ユリさんには嬉しさもある。

「いままで私の身体を見て喜ぶ人なんていなかったのに、いまの彼は満足してくれる。自信になります」

中学、高校とバスケットボールをやっていたため、身体に筋肉が付き過ぎているのがコンプレックスだった。でも彼は「大丈夫だよ」と受け入れてくれた。

「明日は、付き合って1年8ヵ月目の記念日なんです」。ユリさんは、そうはにかんだ。

彼から裸の画像をねだられた少女が感じる嬉しさ。それは、自分の身体が肯定される感覚なのだろう。身体に自信がなかった少女ほど、その喜びは大きくなると思われる。

「彼氏との関係の中だったら、撮影されることは『求められている私』と感じているのではないか」、と仁藤さん。

事例

愛情をつなぎとめる手段

「裸の画像は3回ぐらい送ったことがありますよ」

そう語るのは、会社員のヤスナさん（28歳）。初めて送ったのは大学2年生の時だ。同級生の彼と付き合い始めて3ヵ月が経った頃、相手が数日間の旅行へ発つことになり、「離れている間も眺めたいから、裸の画像を送ってよ」と言われた。「え～」と思ったが、顔は写さないことと、上半身だけという条件でOKした。

「顔が写っていなければ、最悪友達に見られちゃったとしてもまあいっかな、っていう意識があったんですよね。自分で上半身だけを携帯で撮影しました。より魅力的に見えるように、細く見えるようにとか考えて、角度やポーズを工夫したりして」

画像を受け取った彼は「ありがとう」と、お返しに自分の下半身を露出した画像を送ってきた。

裸の画像をねだられた時は嬉しかった。自分の身体を魅力的と思ってくれているから、そういう発言があるんだろうな、と。だが撮影に応じた最大の理由は、彼の欲求を満たすことで、「もっと好きになってほしかった」からだ。

「彼との力関係は対等だったんですけど、やっぱりどこかしら、相手がいなくなると嫌だなという気持ちがあって。そのために自分の身体を切り売りする、ぐらいの気持ちで接していたところがありますね。自分の身体を使ったり、相手に与えたりすることで、もっと好きになってもらいたいなって」

彼に離れられるのが嫌だったのは、愛情からだけではない。「彼がいる状態」が心地よかった。

「彼氏がいないとなんか淋しいな、みたいな。友達からどう見られるかっていうのも、ちょっと気になるところもありました。彼氏がいないから人間的に魅力がないとか、女としての魅力が少ないのかなと思われるのが嫌でした。モテる自分にはちょっと優越感を抱いたり。小学生から中学生にかけて少女マンガの恋愛ものを結構読んでいて、『彼氏がいて、その彼氏とセックスを定期的にしているのがすごくいいこと』っていう価値観が刷り込まれたんだと思います」

送った画像が、その後どうなったのかはわからない。彼とは約1年付き合って別れたが、その時、画像を削除してもらおうとは思いつかなかった。

「ネットに流出させるようなタイプの人ではないと思っているので、特に心配はしていませんけどね。そこの最低限のラインは大丈夫かな、みたいな」

2回目に画像を送った相手は、次に付き合った彼。8歳上の社会人だった。やはり、裸の画像が欲しいと言われた。

「自慰する時に使うのかな、と思って。『淋しかったらこれを見てね』と送りました。他の女の人の身体を使って自慰するよりは、自分の身体でやってほしいと思っていました。他の女性の身体に興奮するのは、浮気の延長のような気がして。浮気防止の一環として、自分の画像を見て満足してくれたらいいなと。浮気されるかもしれないのは嫌でしたから」

その彼とも別れ、新たに社会人1年目の春から付き合い始めた相手には、性行為中の動画を撮らせた。付き合って9ヵ月が経つ頃、「性器を挿入している様子の撮影っていうのをやってみたい」と頼まれた。「顔を写さなかったらいいよ」。彼がヤスナさんの上に乗り、性器を挿入している時の下腹部をデジカメで撮影した。

「彼はその動画を記録として見返すためというより、興奮するプレイの一環として撮影したんじゃないかと思います。いけないことをしている、という感じの。もしその時に私が断っても、多分普通に『あ、そうなんだ』と引き下がったでしょうね。でも、OKしたらもっと好きになってくれるかなという気持ちが強かった。彼の好奇心を満たしてあげたい、みたいな」

彼とはその後も約5年にわたり交際を続け、先日結婚。新居でたまたまデジカメのメモリーカード（記録媒体）を整理していたら、その動画が出てきた。「ええっ、こんなことしてたんだ」とさすがに焦り、慌てて消去した。

「結局結婚したから良かったようなものの、もし動画を自分の名前と共にネットに出されていたらと思うと、怖いことをしたなと思います。当時は『リベンジポルノ』という言葉もなく、そこまで考えが及びませんでした。過去の自分はここまでして相手をつなぎとめておきたかったのかなと思うと、自分で自分が怖くなっちゃいましたね」

なぜ自分はあんなにも、愛情に執着してしまったのか。ヤスナさんは問わず語りに、幼少期の話を始めた。

子どもの頃、親にあまり構われた記憶がない。両親は共働きで社会的地位の高い仕事に就き、忙しくしていた。裕福な家庭で、勉強やスポーツも出来て当たり前という雰囲気の中で育った。

「自分でも、子ども時代に我慢していたなってところがあって。もっと甘やかしてほしかったとか、もっと愛情表現をしてほしかったとかっていうのがありました。もっと自分に関心を持ってほしかったとか、自分の話をじっくり聞いてほしかったなっていうのは、我慢してたかなと思います」

ヤスナさんは、4人兄弟の3番目。弟とは11歳離れている。高校生の頃は、弟に嫉妬していた。

「3人兄弟だった時に自分が親から受けていた子育ての扱いと、弟が生まれてきてから受ける扱いが違うなっていうのを感じて。弟ばっかり甘やかされてみんなに愛してもらって、みたいなところで、ちょっと焼きもちをやいていたところはあります」

特に母親には、もっと構ってほしかった。2歳上の姉はよく学校の話をしたが、母親はあまり聞いてないように見えた。「ちゃんと聞いてるの」と姉は怒っていた。「私はそれを横で聞いていて、あんまりそうやってお母さんを困らせちゃいけないのかな、と。あまり話しかけると忙しいだろうしっていうのを、幼いながらも気を使っていたなっていうのが、いま思うとありますよね」

自分が「愛される存在」であるという確信が持てず、自己評価が低いまま大学生になった。愛情を注いでくれる相手がいないと淋しくて気持ちが不安定になり、次々と彼を取り替えながら、常に誰かと付き合う日々。自分自身を守る意識も持てず、愛されるためなら、身体を切り売りする思いで画像の要求にも応じてきた。

そんなヤスナさんに変化が生まれたのは、いまの夫と交際を始めてからだ。

「初めて恋愛関係を長く続けられた人で、その中で信頼関係をようやく築けたんです。それでやっと、『自分であってもいいんだ』と思えるようになりました。私は結構わがままを言ったり、すぐにすねたりしていたんですけど、それでもちゃんと、こっちを好きでいてくれたので安心できました。相手が本当に自分を大事にしてくれたら、受け入れてもらえるっていう自信につながる。掛け値なしに愛情を受ける経験があってから、自分のことも、大事にするとか守るとかっていう意識に変わりました」

いまなら、もし誰かに性的な画像の撮影を頼まれても、断るつもりだ。『絶対嫌だ』と言います。それを撮られることによって、自分が不利益になることの方が多いなと思うので。『写真がどう使われるかわからないし、自分のプライベートな写真があなたのスマホやデジカメのメモリーカードに入っているのは、すごく気持ちが悪いから嫌です』と、いまだったら伝えられると思います」

自分の身体は自分に所属する「財産」である。恋人から性的な画像の撮影を求められたら、画像の拡散等のリスク云々の前に、財産の一部を手渡せと要求されたこと自体に腹を立てても良いはずだ。

だが、「もっと好きになってほしい」「自慰や浮気を防止したい」という理由で撮影に応じたり、LINEやスカイプで裸の動画を送ったりする少女たちがいる。憤りよりも「愛情をつなぎとめたい」という意識が勝るということは、裏を返せば、彼女たちが誰かに必要とされたり構ってもらったりした経験に乏しく、愛情に飢えて淋しさを抱え、自分の身体を尊いものと認める余裕を失ってしまったからではないか。

ネット上でも、ツイッターでは中高生とおぼしき少女たちが下着姿の画像を公開し、「50人にリツイート（転載）されたら、下着を脱いだ画像も載せます！」などと投稿している。

「ツイッターとかに裸の画像を載せている中高生には、そうすることで『誰かに認めてもらいたい』とか、『見てほしい』と言う子が多いですね。自分の存在意義がわからないとか、性的な画像だけでも必要とされるなら、という思いでやっていたり。孤立した女の子たちにとっては、それが1つの『見てもらうための手段』みたいになっているんです」

そう、仁藤さんは語る。

性的画像や動画を求める少年

恋人からの性的な画像や動画の撮影に応じる少女たちの気持ちは、徐々にわかってきた。だが、依然として解せないのは、そうした画像や動画の撮影を、スマホやＬＩＮＥ、あるいはスカイプ等で要求する少年側の心理である。大人で、しかも女性である私が彼らに抱くイメージはざっとこんなものだ。

「彼女を性的な対象物におとしめる性差別主義者」

「相手の財産を侵害することに思慮が及ばない、浅はかな者」

「画像を手元に保存することで彼女への所有欲を満たそうとする、傲慢な者」

いずれも、非常にネガティブである。

ところが、性的画像を撮影する少年像を私に問われた仁藤さんは、「普通」を連発した。

「普通だと思いますね、私。普通にあることだと思うし、普通の男の子なんじゃないですかね。男の子に撮らせるっていうより、女の子も一緒にそれを楽しんでいるようなケースが一般的だと思います。高校生カップルとかだと、別にそれは普通にあること。だから普通の女子高生だし、普通の男子高生ですよ」

こうした少年たちが特別な性癖を持つわけではなく、普通の人格であるとは驚きだ。一体、彼らはどのような思いで恋人の性的な画像や動画を撮影しようとするのだろうか。かつて恋人の裸を撮ったことがあるという男性に、話を聞くことが出来た。

事例 美しさを残したい

会社員のイクオさん（38歳）は、大学1年生の時に初めての彼女が出来た。当時、「女の人と付き合ったら、してみたいこと」というリストを作っており、その1つが女性の裸の撮影だった。

「撮影という行為への憧れと、やってみたかったっていう興味がありました。それまで色々グラビアとかを見てきて、自分だったらもう少し良く撮れるのにな、とか、本気で好きな人を撮ったらきっともっといい写真が出来るんだろうな、と考えていたんです」

1990年代半ばで、まだデジカメも携帯電話も普及していない。イクオさんはフィルムカメラを携え、彼女の両親が留守にしている機会を見計らって自宅を訪ねた。「きょうは是非、お願いがあるんだ」と切り出した。「ありのままの君の、美しい姿を撮らせてほしい」。

同級生の彼女は元々ノリのいい子で、軽く「いいよ」と言ってくれた。

彼女に色々とポーズを取ってもらいながら、シャッターを押していく。どうやったら足が長く見えるか、上から見下ろして撮ってみてはどうか、などと考えながら撮り方を試行錯誤し、「次はこういう格好をしてみようか」と指示も飛ばした。実際のグラビアのように、下着もだんだん脱がせていった。

「撮っているときは大興奮なわけです。男って女性に比べて、目から刺激を感じるタイプだと思うんですよね。グラビアのようなことをするのに憧れてきた中で、自分がまるでその世界のカメラマンであるかのように、大好きな物を作り上げていけるのが楽しい。撮っている最中の背徳感や、その人が誰にも見せない姿を自分にだけ見せてくれるっていう、すごい優越感もありますし。『今日は撮らせてもらおう』って家で準備しているだけでも興奮していました。シャッターを押している時は、撮影内容を後で見るってことを考えたら、さらに興奮しましたね」

もっとも、彼女の裸を撮影したいと思ったのは、単にグラビアの真似をしたかったからだけではない。

「あくまで本当に、彼女の身体が美しいと思ったからです。芸術作品として残しておきたいという感じでした。後で現像して、その美しい姿をじっくり見てみたいと思いましたし。だから、局部のアップのような卑わいな内容は撮影していません」

彼女も撮影中、イクオさんに何度も「綺麗だね」と褒められ、満足そうにポーズを取っていた。

だが撮影後、冷静になったイクオさんは急に怖くなった。

「そんな性的な内容を、どうやって現像するのかがまずわかりませんでした。何より、そういうものを持っていたら誰かに見られちゃうかもしれない。そうしたら、この子の人生が台無しになっちゃうと思ったんです」

結局すぐにカメラからフィルムを取り出し、捨ててしまった。あの時の写真は、1枚もこの世に残っていない。

仁藤さんやイクオさんの話を聞いていると、恋人の性的な画像を撮影したがる少年たちは、確かに「普通」かもしれないと思えてくる。彼らの多くに、撮影によって彼女をおとしめたり、財産を侵害したりしようという悪意は毛頭ないのだろう。純粋に楽しいから撮る、好奇心から撮る、という印象だ。特にイクオさんのように、「あなたの身体が美しいから」という思いが動機なのであれば、女性とて悪い気はしない。

しかしここで問題となるのは、撮影した画像を彼らがその後どうするのか、という点である。せっかく撮影したのだから手元に永久に保存しておきたい、との欲求は出てくるだろう。だがスマホに保存しておけば、友達の前でスマホのアルバム内の画像をチェックしている時など、何かの拍子に他人に見られることがあるかもしれない。パソコンやネット上に保存するにしても、ウイルスに感染して画像が流出する可能性は捨てきれない。そこでイクオさんのように、「彼女の人生が台無しになる」危険性を自分の保存欲求より優先し、すぐに削除出来るかどうか。

女性にとっては、彼の「撮影後」の行動が、自分の安全を第一に考えてくれる人なのかを見極めるポイントだろう。そのような相手であれば、リベンジポルノを企てることもない。

2 性を拡散するというビジネスモデル

リベンジポルノが広まっている背景には、恋人間で、性的な画像の撮影がコミュニケーションの一環として日常的になっている状況に加え、もう1つの要因がある。「性的画像の拡散はもうかる」という現実だ。三鷹女子高生殺害事件（前述17頁）の時の世間の狂乱ぶりからもわかるように、私たちが暮らすこの社会では「少女の性的画像」に対するニーズが非常に高い。そのため少女が小遣いを稼ぎたいと思えば、自分の身体をカメラの前にさらすことが「効率の良い方法」として浮上する。また、こうした画像の価値につけ込んで少女たちを利用し、甘い汁を吸おうとする輩も湧き出てくる。ここに、リベンジポルノの2つめの定義である、「性産業（ビジネスでの関係）に起因するもの」が発生する余地がある。

「アイドルになりたい」という心理につけ込む

2013年11月、「JK撮影会」が全国で初めて摘発された。JK撮影会とはJK、すなわち「女子高生」に制服や体操服、水着などの衣装を着させ、個室で客に撮影させるサービスである。摘発されたのは東京の池袋にある店舗で、18歳未満の少女を働かせたとして、労働基準法違反（危険有害業務への就業）容疑で、経営者の男（33歳）が逮捕された。撮影会で働いていた高校2年生の女子（17歳）も補導された。男は女子生徒が18歳未満であると知りながら、店内の個室で男性客（30代）に対し、制服のスカートを持ち上げて開脚させたり、四つんばいにさせたりと、みだらなポーズを取らせる業務に就かせたとされる。

ＪＫ撮影会の摘発はその後も全国で相次ぐ。２０１４年12月には名古屋市内の店で、高校2年生の女子（17歳）の裸を客にビデオカメラで撮影させたとして、経営者の男（60歳）が児童買春・児童ポルノ禁止法違反（製造）の疑いで逮捕された。撮影していた客の男（63歳）も同法違反容疑で逮捕され、女子生徒は補導された。

店では少女らをモデルにした「個人撮影会」が60分につき1万３０００円から行われており、追加料金３０００円で、体操服や水着などを着用させるオプションがあったという。ネットの求人広告で女子高生を募り、10人ほどがモデルとして働いていたと報じられている。

「ＪＫ撮影会は、私が高校生だった２００5年頃から普通にバイトとしてありました」と仁藤さん。こうしたＪＫ撮影会で働く女子高生には、もちろん「手っ取り早く稼ぎたい」と考える少女もいる。だが最近増えているのは、「アイドルになりたい」と望む少女たちだ。

「アイドルになるっていうのはいま、敷居がすごく低くなっているんです。普通っぽいアイドルもいっぱい出てきているから、私でも出来るかもって考えて、撮影会に参加したがる女の子がすごく多い。経営者側も実在するアイドルの名前を挙げて、『○○ちゃんもこういう下積みから、芸能界に入ってるんだよ』とか、それっぽいことを言って誘うんですよね。本格的なスタジオっぽいところで撮ってもらえたりするので、女の子は信じちゃって参加するんですよ」

JK撮影会の多くは、ネット上で女子高生向けに「モデル募集」の広告を打っている。ピンク色を基調とした可愛らしいデザインのサイトに、「アイドルやタレントを目指している子歓迎!」「芸能界デビュー多数輩出!」「芸能オフィス直営!」などの売り文句が飛び交い、所属モデルとされる着飾った少女たちの画像が満載だ。このような広告を求人サイトのみならずツイッターやブログにも掲載し、一般の女子高生の目に付きやすくしている。撮影会があたかも「アイドルへのステップ」であるかのように宣伝されており、芸能界に憧れる子どもにとっては、魅力的に聞こえるに違いない。

仁藤さんも高校時代、撮影会のバイトをやってみるか迷った。

「私もやろうかと思ったこともありました。でもやっぱり、写真ってどうなるかわからないから怖いなとか、それで自慰をされるのは嫌だな、っていう感覚があったのでやめましたけど。だけどいまの女の子たちは、スケスケの制服を着て撮る写真すらも、性的な写真とは思わなくなってきています。アイドルがパンツの見えるような格好で踊ったりしているから、一般の子もパンチラぐらいは『別に普通』っていう感覚だと思います。それ自体がポルノになり得ることもわかっていない」

テレビでは、10代の少女が多数加入するアイドルグループが、超ミニスカートを履いて歌ったり踊ったりしている。そうした姿を繰り返し目にしていると、一般の少女たちも、肌の露出に対する抵抗感は薄れていくのかもしれない。客に自分の性的な画像を撮らせれば、自慰に使われるかもしれないという点にも、想像力が及んでいない。たとえ気付いていたとしても、アイドルになりたいという野心が不快さを打ち消すのだろう。

だが、JK撮影会はリベンジポルノにつながる可能性もあると、仁藤さんは警鐘を鳴らす。

「JK撮影会はすごく危ないです。知らない人に写真を撮らせるってやっぱり危ない。そこで撮影された画像を、無断で客のブログに出されちゃったりとかした女の子はいます。あと、『2ちゃんねる』のような巨大掲示板にその画像が回っていくのが本当に怖い。2ちゃんってすごいんですよね。そういうブログの画像を別の人がコピーして、「〇〇（店名）の△△ちゃん」とか個人情報を添えて転載したりして。それを見たネットユーザーたちが色んな書き込みをして、炎上（批判的なコメントが殺到すること）してしまったりします」

2ちゃんねるを見ると、女子高生の顔写真やツイッターアカウントにリンクが張られ、「この子はエロい」「この子はどの撮影会でも人気がイマイチで」などと中傷が書かれ放題だ。しかし、少女が客に画像流出をやめさせるのは難しいという。

「女の子は客に、『流出は絶対ダメですよ、しないでね』と言ったり、『ネットをチェックしてるんですよ』と言ったりする。でも、膨大な量のネット画像をチェックなんて出来るわけないじゃないですか。自分の本名とか源氏名（仕事用の仮名）とかでネットを調べたりしているけど、実際にはもう、どこにさらされているかもわからなかったり。撮影会を主催するお店側も、担当者が1人だけで予約の連絡もスマホでやってる、みたいな感じで、対応がしっかりしていないところもありますし」

性的画像や動画を営業促進ツールとして使うビジネス

若い女性たちの性的な画像や動画は、性産業において、客を誘う「呼び水」としても多用される。店のチラシやパンフレット、ホームページには、笑顔をふりまく少女たちの姿が散りばめられている。

先日、東京の秋葉原を歩いていたら、フリルだらけのエプロンを着て頭に大きなリボンを載せた少女に「メイドカフェは如何ですか？」と声をかけられた。女性にも声をかけるんだ、と私が驚くと、「姫さま（女性客をこう呼ぶらしい）にも是非来て頂きたいです！」と。あいにくその時は用があったので断ると、チラシを渡された。赤とピンクで彩られたそのチラシには、店の地図と共に、メイド服を着て可愛らしくポーズを決めた少女たちが写っている。

その後も歩き続けていると、「萌えカフェ」「アイドルカフェ」などと称する店のチラシを何枚ももらった。やはり写真の中で少女たちが素顔をさらし、制服姿の者もいる。店のチラシだけではない。秋葉原の観光案内マップにも、少女に直接会えることを売り物にした店の広告が所狭しと掲載され、女の子の顔写真が源氏名と共にズラリと並ぶ。こうしたチラシやパンフレットが日々、路上でバラまかれている。

ネット上はもっと露骨だ。女子高生が客の話し相手をする「ＪＫカウンセリング」や客と散歩をする「ＪＫお散歩」といった、いわゆるＪＫ産業の店のホームページには、「性的なサービスはありません」と強調しながらも、超ミニスカートの制服を着た少女の下半身画像ばかりを載せているものもある。女子高生を性的対象として見て下さい、と煽っているようなものだ。

さらに性風俗の店のホームページとなると、若い女性たちが、下着姿や水着姿で素顔をさらしている。実際に男性に風俗店のサービスを体験してもらい、その様子を動画に収めた「体験動画」と呼ばれるものを、広告として掲載する店も多い。女性たちは全裸になり、顔を隠することなく性行為に応じている。こうした動画が、風俗の「まとめサイト」や個人のブログに、次々と転載されていく。

性産業の営業促進ツールとしてチラシやネットに掲載され、無数に拡散されていく若い女性たちの画像や動画は、あたかも「日用品」のように、そこら中にあふれている。リベンジポルノとして悪用しようと思えば、容易に実行出来る環境が整ったといえよう。特に風俗店サイトの広告のようにネットに掲載される場合、女性が店を辞めたとしても、拡散された画像や動画は、いつまでもネット上に漂うことがある。「辞めたのに店が画像を削除してくれない」と悩む女性もいる。

一方、性産業で働いていないにもかかわらず、そうしたビジネスの宣伝用に、自分の画像が無断でネットに転載されることも珍しくない。アダルト動画の配信サイトや、ツイッターで援助交際を募集しているアカウントのプロフィール画像には、少女たちの顔や水着姿、裸の画像が多数載っている。仁藤さんによれば、それらの一部は、一般の女子高生などがネットに公開している画像を、悪用した可能性が高い。

「素人AVの『生ハメ』（避妊具を着けない性交）みたいなカテゴリーに、自分の女子高生としての画像が使われていたケースはかなりありますね、女の子たちには。すごく多いです。ツイッターで援助交際を募集しているようなアカウントにプロフィール写真を転用されるっていうのも、ＪＫ産業で働く子だけじゃなくて、普通の女子高生にもある。『これ、あの子の画像転用されてるワロタ』とか、女子高生たちはよくツイッターで言い合ってますよ」

２０１３年から約1年半の間に、仁藤さんは、自分の画像をさらされてしまった女の子たちに30人以上出会っている。だが、本人が自分の画像転載に気付くのは難しいという。

「転載された画像に自分の本名や源氏名が出ているわけではないので、気付かないんですよね。特に海外向けのアダルトサイトに載せられたりすると、見ていないから気付いてないだけ、っていうのは結構ある。自分が知らないところで転載されるのが一番怖いですよね、ネットでは。アダルトサイトとかを見ていた男友達から『これ、お前じゃない？』みたいな感じで画像の複写を送ってこられて、初めて気付く場合もあります」

中高生が性的動画を配信して収入を得る

自ら進んで、ビジネスのためにネットに裸をさらす少女たちもいる。代表的なものが「チャットレディ」だ。ネット上でつながっている客とリアルタイムで文字や音声による会話をしたり、webカメラ（パソコンに接続するカメラ）などを使って、画像や動画のやり取りをしたりする仕事である。チャットは課金制で、相手をした客の人数や時間などにより収入が得られる。「女子高生　バイト　高収入」というキーワードでネットを検索すると、こうしたチャットレディの求人情報が上位に出てくるのだ。

「会わない・触らない・触れられない」「平均時給5000円！」「ネットアイドルになれる」といった売り文句をチャット運営業者は並べており、少女たちの目には魅力的に映るようだ。1000人以上の少女が登録しているとされるサイトもある。

だがチャットレディでは、少女たちが客の求めに応じて服を脱いだり自慰行為をしたりすることが、かねて問題視されてきた。2012年には、客に18歳未満の少女の裸を見せるなどのサービスを提供していたとして、チャット運営業者が労働基準法違反（危険有害業務の就業制限など）の容疑で逮捕された。このようなアダルト行為の発覚で閉鎖するサイトは相次ぎ、いまでは女子高生がおおっぴらに働くことの出来るチャットレディのサイトは少ない。

このため、少女たちが新たに流れているのが、チャットレディの「裏版」だ。チャットの運営業者を通さずとも、個人が画像や動画を配信出来るサイトがネット上には色々ある。一部のサイトでは、閲覧者が料金を支払わないと、配信された画像や動画を見られない仕組みを取り入れている。そうした課金制のサイトで、未成年が性的な画像や動画を「売って」いるのだ。「私の自慰動画を○○（サイト名）に配信したから見てね！」などとツイッターでアピールする少女たちもいる。

少年がこのようなサイトで小遣い稼ぎをしようとし、摘発されるという事件も起きた。2014年、画像や動画を有料で配信出来るアプリ「写真カプセル」で、児童ポルノなどのわいせつ画像を公開したとして、神奈川県座間市の中学3年生の男子（14歳）が、児童買春・児童ポルノ禁止法違反（公然陳列）などの容疑で書類送検された。このアプリは、有料公開に設定すると閲覧されるたびにポイントがたまり、ギフト券などと交換できるというもの。男子生徒は、別の投稿者が有料公開した画像を再投稿していたとみられる。

金と引き替えに性的な撮影に応じるのも、少女だけではない。2010年、全国で初めて、男子専門のポルノサイトが摘発された。児童買春・児童ポルノ禁止法違反の容疑で逮捕された男らは、ネット上に日英中3ヵ国語で男子ポルノ専門サイトを開設。小学生から高校生までの男子50人以上をホテルなどで撮影したDVDを、1枚につき約1万円から3万円で、愛好者約1500人に販売していたとされる。中学生向けの情報交換サイトなどに「中学生ビデオモデル募集」「男の子が好きな男子。体験談を書いて」などと書き込み、男子を募っていた。こうした呼びかけに応じた中学2年生の男子（13歳）は、1万2000円を渡され、わいせつな行為を撮影された。別の高校1年生の男子（15歳）は10万円を渡され、3日間にわたり、ホテルでわいせつな行為を撮影されたという。

ネット上で若者たちが配信する性的な画像や動画は、コピーされて拡散されるリスクと隣り合わせだ。若者による配信動画の性的な場面を勝手にスクリーンショット（静止画保存）し、一覧にして掲載しているサイトもある。

少女が配信した性的画像を保存した者に対する、摘発も発生している。2015年2月、福岡県、山口県、大分県などの14歳から17歳の少女計12人に対し、スカイプを通じて服を脱がせ、その様子を録画・保存するなどして児童ポルノを製造した疑いで、27歳の男が逮捕されたことが明らかになった。「電子マネーをあげるから」などと誘惑し、少女らにわいせつな姿勢を取らせていたという。「中高生が好きだった。自分で楽しむために保存した」と、容疑を認めているとされる。

だが、「そういうリスクを、本人たちは気付いていないし考えてもいない」と仁藤さんは指摘する。

「動画を保存されたら顔も残っちゃうよ、と私は言ったりするけど、『匿名だし、それでお金がもらえるならいいや』という感覚ですね」

3 「撮らせなければいい」という「対策」に意味はない

「撮るのは普通」の若者社会

リベンジポルノ対策としてよく聞くのは、「性的な画像や動画は撮らせるな」という、若者たちへの指導だ。このように注意したくなる大人の気持ちはよくわかる。私もつい最近まで、「性的な画像や動画を撮らせればリベンジポルノに悪用される危険があるのだから、最初から撮らせなければいいだけの話ではないか」と思い込んでいた。

だが取材を進めるにつれ、考えが変わってきた。「撮らせるな、と言うだけでは被害を防げない」と感じるようになったのだ。それは、取材過程から見えてきた2つの現実による。

1つは、画像や動画を撮影するという行為が、若者たちの間ではコミュニケーションの一環として、既に日常になっているということだ。一緒に撮影する相手が友達であろうと恋人であろうと、また撮影内容が性的なものであろうとなかろうと関係ない。共有する時間を盛り上げたり、親密度を深めたりする効果的な手段として、撮影という行為はごく気軽に使われている。

「『写真を撮らせないようにしましょう』とか言っても、無理じゃないですか?」と仁藤さん。

「女の子たちにとっては、『撮られる』っていう感覚じゃない。一緒に撮ったり撮られたり。自分が受け身っていうわけでもないですから」

性的な画像や動画を撮らせた若者に対し、私たち大人は、「無理矢理撮らされたのだろう。かわいそうに」と考えがちだ。もちろん、自分の意に反して撮影を強要されるケースもある。だが、性的な撮影を求められたことに喜び、自ら応じる若者も多いのが実態だ。その心の底には、ありのままの自分の身体が肯定される嬉しさや、もっと愛されたいという渇望、自分の存在意義を認められたいといった思いがある。

「撮らせるな」と大人側が口を酸っぱくして主張する最大の理由は、リベンジポルノに悪用される危険性を考えてのことだ。しかし、ここでいう危険性は、撮影をした相手が「裏切る」ことを前提にしている。それでは若者の心に響かない。まだ恋愛経験が少なく、純粋な若者たちにとっては、「いま、目の前の相手との関係」が全てだ。いずれ別れるとは夢にも思えない。恋人からの性的な撮影の求めに応じたことのある少女たちは一様に、「この相手なら信用出来ると思った」と語っている。拡散されることを知りながら、積極的に裸の画像を撮らせる者などいない。相手が裏切るはずはない、と信じるから撮影に応じるのだ。

そもそも恋愛には、信頼関係の中で自己を開示することにより、結び付きを深めていく側面がある。恋人同士というのは、身体的にも心理的にも、最も近くにありたい存在だ。だから他の人とは撮らない親密な写真を撮り、他の人には見せない部分を見せる。自己開示をしたことで「身を守らなかった」と責められるのであれば、誰とも深い関係を築けない、ということになってしまう。

もう1つの現実。それは、若者の性的な画像や動画は金になる、ということだ。特に、少女を被写体とするものへのニーズは、この社会で非常に高い。そのため、「アイドルになれる」という売り文句で女子高生を集め、客に彼女たちの裸を撮らせて金を払わせようとする業者が出てくる。性産業の営業を促進するツールとしても、若い女性たちの画像や動画は利用価値が高いと考えられ、無数に消費されていく。近年では、画像や動画を有料で配信出来るアプリが登場し、子どもであっても、撮影したものをやりとりして収入を得ることも可能になった。

思春期の少女の多くには、「アイドルになりたい」「もっと小遣いが欲しい」といった潜在的な願望がある。それらが、自分の性的な画像や動画を撮らせることで容易に叶うのだとすれば、誘惑にあらがうのは難しい。メディアでは同年代のアイドルが露出度の高い恰好をしてチヤホヤされている、という実情も彼女たちの背中を押す。ここに、少女の性的な画像や動画をめぐる、需要と供給がマッチするのだ。

少女を性の対象として扱う風潮が続く限り、自ら性的な姿をさらそうとする少女たちも、いなくなることはないだろう。

被害者に責任を負わせる「対策」の問題点

「性的な画像や動画は撮らせるな」という対策は、リベンジポルノを防ぐ責任をあくまで「撮らせる側」に負わせようとするものだ。「撮られないように強く断れ」「撮られないように注意して振る舞え」などと、撮らせる側にばかり指示を押し付ける。

だが、リベンジポルノが発生した場合、撮らせた側は「被害者」なのである。被害者となる立場の者に責任を負わせる対策が声高に主張されれば、実際にリベンジポルノが起きても、「ほら、やっぱり被害者が注意しなかったから」と、被害者を責めることになりかねない。

性的な撮影では前述のように、自分の意に反して強要されるケースがある。恋愛関係であっても、相手から脅されたり暴力を振るわれたりして支配される「デートDV」を受けていれば、従わざるを得ない。

「嫌なのに、彼氏に撮られている女の子たちも沢山いますよ。彼女たちにしてみれば、それも性暴力の1つです。ノーと言えないし、その場の状況で断れない。撮られても皆、何も言えてないんです」

そう、仁藤さんは語る。

性産業で、騙されて撮影される場合なども同様だ。自分が寝ている時や、酒を飲まされて意識がもうろうとしている時に撮られるのも、防ぎようがない。

自分ではどうにもならないことに対して被害者が責任を負わされる、という構図は、いじめのそれと通じる。反撃すればさらにいじめられるのだから、被害者はいじめる者の言いなりになるしかない。「いじめられないように強くなれ」「いじめられないように振る舞え」という指導は、被害者を傷つけ、追いつめるだけだ。

性的な撮影を強要されるわけではなく、自ら応じている場合はどうか。やはり、被害者を責めるのは筋違いだ。

恋人との愛の育み、所属する店の宣伝、あるいは金銭との引き換えなど、特定の目的に使われることを前提として、被害者は撮影に応じている。リベンジポルノとして不特定多数に拡散されるなどという、本来の目的から外れた使われ方については、合意していないのだ。撮影する側、すなわちリベンジポルノで「加害者」となる立場の者こそ、撮影を強要しない、使用のルールを破らないなど、リベンジポルノを防ぐ責任を負うべきである。

4 リベンジポルノの当事者たち

恋愛に起因するもの

事例

元彼に性的ビデオを売られそうになった女性

モエさん（30代）は大学時代に、初めて恋人が出来た。1歳上の会社員の男性。「付き合おう」と言われて返事を迷っていたら、ホテルに誘われた。断ると「我慢できない」と言われ、ビルの谷間の植え込みの陰で、フェラチオをさせられた。

「いま思えばこの時点で既におかしかったけれど、その時は男の人をほとんど知らなかったので、こんなものなのかと思ったんです。話も合うし、優しかったので、付き合うことにしました」

最初のデートで彼は、中学生向けに第二次性徴や身体の仕組みを解説した本を持ってきた。性器を図解したページを開くと、「実際に見てみようか」と、本とモエさんの性器とを照らし合わせ、触ってきた。そしてセックスをした。

それ以来、デートでは必ずセックスをするようになった。会って最初に向かう場所は、ラブホテル。2人とも実家暮らしだったのでホテルに行くしかない。

いつも、3時間で3回セックス、というペースだった。ホテルに入って早々に1回。我慢しきれずひとまずセックス、という感じだった。彼には、モエさんを気持ち良くしようという姿勢は見られず、自分の性器の挿入に問題がない程度にモエさんの性器を濡らして、すぐに射精する。一眠りして2回目は、少しはモエさんを愛撫し、セックスをする。3回目のセックスは気まぐれで、自分のしたいようにする。

ホテルにいる最中、彼はAVを流しっぱなしだった。ローションも必須だった。AVとローションを使わないと、射精出来ないのだ。バイブやローターも使った。

『野菜を入れたい』と言われた時には、さすがに断りました。でも他の器具は、セックス目的に作られているものなので、皆使っていると思っていました」

あまりに頻繁にセックスを求めてくるので、時々拒みたくなる。だがそうすると、彼の機嫌が悪くなった。結局モエさんが折れ、求めに応じる。彼にとっても、モエさんが初めての彼女だという。これまで恋愛経験がなかったことを気にしているように見えた。

ある時、いつものようにラブホテルに行くと、

「セックスの場面をビデオ撮影したい。1人でいる時に見たいから」

と頼まれた。

他の男性と交際をしたことのないモエさんは、「皆そういうことをしているのかな」と思い、「わかった」と頷いた。彼はセックス中ずっとビデオカメラを回し、行為の様子を延々と動画で撮影していた。

「そこまで思ってくれているんだ、と嬉しかったんです。当時は、自分のセックスをネットに流されるかもしれないという発想がなかったし、何らかの形で悪用されるかもしれないとも思っていませんでした」

1年あまりが過ぎた頃、モエさんには他に好きな人が出来た。彼に別れを告げると、泣かれた。

元彼はモエさんに振られたことと、仕事の忙しさが重なり、うつ病になったようだった。

そして、おかしなメールがくるようになった。

「交際中に自分が払ったお金を半分返してほしい」

「タイで少女を10人くらい買っていた。エイズに感染して、あなたにうつしたかもしれない」

「あなたは性欲のはけ口として、とてもよく機能してくれました」

ひたすら無視していると、今度は電話が来た。

「ビデオの販売会社です。あなたのセックスのシーンが写っているビデオを販売することになりました。あなたの名前を出していいですか。出せばその分、高く売れるのですが」

「なぜ私の電話番号を知っているのですか、販売をやめてください」と言うと、「既に製品化してしまい、販売は決まっています」とのこと。モエさんは錯乱状態になった。だが、その件を放置しておいたところ、連絡は途絶えた。

「元彼が販売会社のスタッフになりすまして電話してきたのだろう、といまは思います。でも、その時は本当に恐怖でした」

モエさんは社会人になっていた。元彼とはこれ以上関わり合いを持ちたくない。知られていた実家を出て、一人暮らしを始めた。メールアドレスも変えた。携帯電話は出なければいいと考え、とりあえず番号はそのままにしておいた。

一人暮らしを始めて以降、元彼から実家に何度か電話があった。「メールで連絡を取りたいので、アドレスを教えてほしい」という内容だったようだ。親にはセックスのビデオを撮られたことは話していないものの、元彼がおかしな精神状態になっていることは伝えておいたので、うまく対応してくれた。

それから4年ほどが経過し、元彼のことはすっかり忘れていた。だが突然、会社宛てに手紙が届いた。差出人は元彼。

「セックスのビデオを売るので許可してほしい」という内容だった。モエさんの外見（顔の良さ、胸の大きさ、ウエストのくびれなど）や、セックスの状況（あえぎ声の大きさ、感じ方など）が項目別に採点されており、「70万円で売れます」とのこと。

付き合っていたのは学生時代なので、こちらの就職先は知らないはずだ。1つだけ思い当たったのは、ネットの就職情報サイト。新卒者向けの企業紹介のページに、モエさんは先輩として、顔写真、名前、部署名、役職を公開していたのである。

ビデオを売る、ということも怖かったが、それより「勤務先がばれてしまっては逃げ切れない」という恐怖のほうが強かった。警察に相談するしかないと思い、勤務終了後、近くの警察署に行った。

「付き合っていた彼がストーカーになりました」と言って、これまでの流れを説明し、手紙を見せた。「ビデオは本当にあるの？」「あります」「撮影されるのは変だなって思わなかった？」「男の人はこんなものなのかなと思いました」といったやり取りの後、担当者が出した結論は、「これはストーカーとは言えない」というものだった。直接会社に来たり、対面で金銭を要求されたりといった事実がないからだという。

「警察は、何か起きた後しか対応しないんだな」と感じた。

担当者は思いがけない提案をしてきた。

「これから元彼に電話してみましょうか。警察に相談したことや、行為が迷惑であるということを、はっきり伝えてみましょうか」

「そうします」と、電話をかけた。留守番電話だった。「警察にいます。あなたのことを相談しました。こうした行為は迷惑なので二度としないでください」と吹き込んだ。

警察署を出た帰り道、元彼から携帯に電話があった。取らずに留守電にしたところ、メッセージが残されていた。

「警察に相談したんだね、迷惑をかけてすみません。もう二度としません」

その後、警察から電話があり、彼から警察にも電話があったとのことだった。これを機に、モエさんは携帯電話の番号も変えた。

とはいえ、勤務先が知られてしまった以上、元彼がいつやって来るかわからない。会社は辞めることにした。

「元彼の件は伝えず、適当な理由を作って退職しました。それなりに責任のある仕事を任せてもらっていて、楽しかっただけに、本当に残念だったです」

あれから何年も経つが、このネット社会では、元彼にいつどのような形で、また居場所を突き止められるかわからない。一生隠れて暮らしていくしかない。そんな思いを抱えて、これからの長い人生を生きていかねばならないと考えると、目の前が暗くなる。

最近、2年ほど付き合った人に、思い切って元彼の件を話した。全てを話したのは、その人が初めてだった。すると、別れを告げられた。「そのこと自体が原因ではない」と彼は強調したが、「付き合って2年も話してくれなかったのは、それだけ信頼されていなかったということだ」とも言った。信頼出来ると思ったからこそ話したのに、わかってもらえなかった。

「あれから何年も経ったいまも、元彼との経験が、こうして私の人生をうまくいかなくするんです。この経験とは一生付き合っていかないといけない。どのような付き合い方をすれば、より良く生きていかれるのかは、一生かかってもわからないかもしれません」とモエさんは語る。

「リベンジポルノは『撮らせた側が悪い』と言われるけれど、相手はどんな手を使ってでも撮影するから、被害にあわないために出来ることはありません。被害がその時だけにとどまらず、一生影響することを多くの人に知ってほしい。そして、私みたいな経験をする人が再び現われることがないよう、願ってほしいと思います」

事例

昔送った性的画像に怯え続ける

「まさか自分が」との思いから逃れられない。

会社員のホノカさん（24歳）は中学3年生の時、SNSで知り合った成人男性に自分の裸の画像を送った。何度もメールをやり取りするうちに、恋愛感情が芽生えていた。

「セクシーな画像を送って」と彼から最初に頼まれた時は戸惑った。だが、「もう少し君のことを知りたいんだ」と言われ、その気になった。カメラの前で色っぽいポーズを取ってみると、自分じゃないみたいで興奮する。

「もっとすごいのを送ってよ」「君のことをもっともっと知りたいんだ」

相手の要求はどんどんエスカレートしていった。仕方なく、より過激な画像を送るようになった。

「強いプレッシャーに負けてしまいました。でも、相手ともっと仲良くなりたかったし、嫌われたくなかったんです」とホノカさんは振り返る。

だがその後、男性から、

「君のやっていることも僕のやっていることも犯罪だから、僕は自首しに行く。自首してほしくなければお金を送って下さい」

と言われた。

進学校に通っていたホノカさんはそれまで、ネットで知り合った相手に裸の画像を送りトラブルになる少女たちをテレビのニュースで見ては、憤りを感じていた。

「自分の体を売る彼女たちはとんでもない、と思っていて。それなのに、私自身がこんなことをしてしまいました。親が知ったらどれだけ泣いちゃうかな、と考えると、罪悪感と不安で毎日が辛かったです」

相手からの要請を無視していたら、その後連絡は途絶えた。だが、「いつか悪用されるのではないか。なぜあんな画像を送ってしまったのか」とホノカさんは自分を責め続け、月日だけが過ぎた。

先日、付き合っている彼からプロポーズされた。嬉しいが、まだ返事を出来ないでいる。

「彼氏にこんな過去は話せません。あんな画像を送ってしまった私は、結婚なんてしちゃいけない気がして。もう、精神はボロボロです」

事例

画像のせいで進学出来ないかも

高校3年生のメイさん（18歳）は、チャットで年上の男性と知り合い、LINEの連絡先を交換した。LINEではわい談もするようになり、男性から「エッチな画像送ってよ」とせがまれた。

「その頃は悩みがあって、精神的に安定していなくて。彼は私の相談にもよく乗ってくれていたので、上半身裸の画像とかを数枚送ってしまいました」

だが、ニュースでリベンジポルノのトラブルを見聞きし、心配になった。男性には自分の本名を教えていないが、LINEのアカウント名は知られている。

メイさんはLINEのアカウントを削除して、男性との連絡も絶った。それでも、自分のアカウント名と共に裸の画像がネットにさらされたら、身近な人たちにはバレるかもしれない。

「私のアカウント名は、仲のいい先生も知っているんです。何かのきっかけであの画像を見られることにならないか、すごく心配です。スポーツ推薦で大学に行く予定ですけど、最悪の場合は行けなくなるかもしれない。そう思うと、ノイローゼになりそう」

性産業に起因するもの

事例 児童ポルノ動画の削除に1000万円を要求された

「見てよこれ、こんなに売れてるよ。すごいよ」

男に指し示されたのはDVDの通販サイト。高校2年生のカナさんが覗きこむと、画面には、自分の性行為が写っていた。血の気が引いた。

西日本に住むカナさん（28歳）は高校1年生だった2002年から約1年半、売春組織で強制的に働かされた。父は公務員、母は専業主婦という家庭に育ち、進学校に在籍して放課後は塾へ通う暮らしが、ある日を境に一変した。

その年の夏、繁華街の飲食店でアルバイトをしていたカナさんが帰ろうと裏口を出ると、50代ぐらいの男が「ちょっと来て」と手招きする。飲食店ではよく出前をしていたので、「お客さんが食器を返してくれるのかな」と思い、付いて行った。雑居ビルにある小さな事務所に入ると、突然男に殴りつけられた。ソファに押し倒され、性的に暴行された。

「ガシっと体を押さえ付けられて、動けないようにされました。恐怖で固まって、ここで抵抗するとまずいかもなと思うと、声も出ない。とにかくこの場をやりすごさないと、という思いだけでした」

行為を終えると、男はカナさんのかばんから生徒証や保険証、携帯電話を取り出した。学校や家族、友人の名前、親の職業を確認し、「これをバラしたら皆がどうなるかわかるよね」とカナさんを見据えた。

「で、仕事の話なんだけどさあ」

10代の女の子を好む男の人たちの相手をする。1回やったら、これくらいの金を還元出来る。男はカナさんの意向を聞くのではなく、淡々と「仕事」の説明をし、「まあ、そういうことだから、よろしくね」と言った。こっちに拒否権はないんだな、とわかった。

毎週末、バイト帰りに組織の人間に待ち伏せされ、売春先へ連れて行かれた。客は30代から60代ぐらいの男たちだった。様々なプレイを要求され、薬物を注入されたり、緊縛されて滑車で吊るされたりするなど、「ヒト以下の扱いを受けました」。

家族には打ち明けられなかった。売春先で服を脱がされる際はいつも、汚れたり破れたりしないようにと頭の片隅で気を使っていた。帰宅する前にも、駅のトイレの鏡に全身を映し、外傷がないかをチェックするようにした。

「見た目の変化で、親に何かを気取られてはいけないと思いました。家では努めていつもどおりに振る舞っていたから、親も気付かなかったと思います」

カナさんは小さい頃から、行儀の良さや聞きわけの良さで親に評価されていると感じてきた。母親はカナさんが成長してからも、繰り返し昔の話をした。「あなたはおねだりして、公共の場で駄々をこねたことがないの」「あの時に近所の人にほめられたわ」などと誇らしげに語る。

「そういう期待に添わなくちゃ、と思っていて。うちの家族は日頃からコミュニケーションが少なくて、性に関する話題も全くしたことがない。売春させられていることを親に打ち明けても、受け止めきれないだろうと思いました。普通に大事に育ててもらったのに、こんなに簡単にひっくり返って、申し訳なかった。親を心配させたり怒らせたり悲しませたりというのは、昔から一番避けたいことだったんです」

警察へ駆け込もうにも、親に連絡されるかもしれず、あきらめた。

売春先へ連れて行かれる時のカナさんは、どんな気持ちだったのだろうか。

「気持ちは、ないですね」

ポツリと答えた。

「それについて考えるのはしないでおこうと。拒否権がないんだから、あきらめるしかない。ただ毎回、終わるのを待っていました」

平日は16歳の女子高生として普通に学校へ行き、勉強したり友達と遊んだりする。売春の時だけ、完全に心のスイッチをオフにした。

「切り替えないと、どんどん日常が浸食されてしまう。このまま身を持ち崩すんじゃないかと思うと、気が狂いそうでした」

撮影されていると気付いたのは、売春をさせられるようになってすぐのことだ。行為中にビデオカメラを向ける客が何人もいる。「いいのが撮れたよ」と言われたり、「もうちょっとリアクションしてよ」と指示されたりした。嫌だったが、怖くて拒めない。その動画が組織側の手に渡り、児童ポルノのDVDとしてネット上で密売されているとわかっても、どうにも出来ない日々が続いた。

終わりはあっけなく訪れた。高校2年生の2月、受験勉強に本腰を入れたいと考え、

「もう客の相手はあまりできなくなる」と、思い切って組織側に告げた。意外にも、「それじゃ仕方ないな」とあっさりした答え。組織内には、同じように売春をさせられている女子高生たちが何人か囲われていた。「私の代わりはいくらでもいるんだ」と感じた。

売春から解放され、大学に入ったカナさんは、「まだやり残したことがある」と思うようになった。自分の性行為が写された動画を、回収しなければならない。

「あのままだと動画がネットにずっと残るし、何かの拍子に、表に出てくることがあるんじゃないかと。それはヤバい、と思い始めたんです」

動画の販売中止とデータ削除を組織側に求めると、代償に1000万円を要求された。「ふっかけているな」と感じたが、被害の件は誰にも話していなかったため、どこかに相談しようとは思わなかった。訴訟を起こすにも、誰を相手取ってどうしたらいいいかもわからない。

「とりあえず自分でやれることはやろう」と決めた。

それまで、売春させられていた時のことは出来るだけ思い出さないよう努めていた。だが、組織側と再び接触を持ったのを機に、考えざるを得なくなった。眠れない夜が続く。

「すごく怖い夢を見たり、当時の状況が断片的に夢に出てきたり。『うわーっ』と叫んで夜中に起きたりするようになりました」

とにかく早く、なるべく沢山のお金を稼がなければならない。「風俗」しか手段はないように思えた。大学の授業を終えた夜間に「ホテヘル（ホテル型ヘルス。客の待つホテルへ派遣されて性的サービスを提供する）」のバイトを始めた。さらに「交際クラブ（自由恋愛の名目で相手を探す会員制の場）」にも登録し、個人で顧客を持つように。風俗で働くことは、高校時代の強制売春に比べたら「よっぽどマシ」だった。

「被害体験の時と決定的に違うのは、私が自分の意思でやっているということ。それと、客とちゃんとお互いに顔が見られることです。高校生の時は、客たちも未成年相手に後ろめたい気持ちがあったみたいで、行為以外では私とコミュニケーションを取ろうとしなかったですから」

約1年間で500万円を作った。組織側に伝えると、「最終的にネット上から動画を消すには、DVDの在庫を買い取ってもらわないといけない」と言われ、追加料金として150万円を請求された。

「どれくらいこちらを引っ張れるか、見ている感じでした。在庫なんてタカが知れているくせに。でも抵抗しても無駄と思ったから、『わかりました』と」

その後はSMの世界にも飛び込み、懸命に働いた。稼ぎは合計約700万円に達する。

カナさんが本当にお金を用意したことを知った組織側は、驚きを露わにした。データを消してほしいとまで言ってくる被害者は、これまでいなかったようだ。

「完全に削除した」と連絡が入ったのは、大学2年生の秋の終わり頃。

「これを私のゴールにしよう」

最初の被害から4年が過ぎていた。

カナさんはそれからも、突然心臓の鼓動が早まり、目もかすむなどのパニック発作を頻発して電車に乗れなくなったり、自傷行為を繰り返したりするパニック障害に悩まされた。病院のカウンセリングに通い、全てを受け入れてくれる伴侶も得て、いま、ようやく少し落ち着いたところだ。

自分に起きたことについて改めて考え、調べていくなかで、あの被害が「人身取引」の1つであると知った。人身取引とは、何らかの強制的な手段で人の自由を奪って働かせ、利益を得る行為で、「現代の奴隷制」とも言われる。カナさんのケースも性的搾取に該当し、決して特異ではない。

しかし、人身取引の被害者の精神的ケアを専門とする窓口はほとんどない。カナさんは今後、同様の被害を受けた人のために、当事者によるケアグループを立ち上げたいと考えている。

時々、あの組織で囲われていた他の少女たちのことを思い出す。売春現場で一緒になることもあったが、お互いに同じ立場だから、あえて何も聞かないし何も言わなかった。彼女たちの動画も密売されただろうが、おそらく被害を訴えられずにいるのではないか。

「あの頃の私たちは、自分の被害が何なのかもわからなくて、助けを求める言葉を持ちませんでした。人身取引という犯罪の存在を、もっと多くの人に知ってほしいと思います」

事例

騙されてAVの撮影をされた

大学2年生のムツミさん（20歳）はある日の夜、繁華街を歩いていると、男性2人組に声をかけられた。

「テレビのバラエティ番組のインタビューに協力してもらえませんか。謝礼も出します」

軽い気持ちで付いて行き、インタビュー場所だというワゴン車に乗せられた。中では、他に3人の男が待ち受けていた。

「謝礼の送付先を確認するため、先に身分証明書を出してほしい」と言われてムツミさんが出すと、男の1人がビデオカメラでそれを撮影した。その直後、突然、別の男が凄んだ。

「実は、AVの撮影だから」

驚いたムツミさんは逃げ出そうとした。だが男に後ろから手を回され、羽交い締めにされ動けない。男たちはムツミさんを囲み、「胸だけ出せば帰っていい」と言う。怖くて何も言えず、されるがままに裸の動画を撮られた。

なんとか逃げ帰った後、ネットに自分の動画が公開されていないか不安になり、必死で検索した。あるアダルトサイトで、加害者の男の1人が出演している動画を見つけた。登場する女性は自分ではないが、撮影場所はやはり車の中で、当時と状況が極めて似ている。同じ被害にあった女性たちが、何人もいるようだった。

「自分の動画もいずれ公開されるかもしれない」

そう思うと、一刻も早く加害者を捕まえて動画を回収したい。だが、ネット上に自分の動画を発見出来ていないため、証拠となる物がない。思い切って警察に被害届を出そうとしたが、「証拠がないから」と受け取ってもらえなかった。

もう、これ以上苦しみたくない。動画の追及はいったん休むことにした。

「あんな事件にあったことは誰にも話せない。1人でいると怖くなって、涙が止まりません」

5 被害者はどのような気持ちなのか

恋愛に起因するもの

恋人からの性的画像の撮影依頼を快諾した被害者にとって、それを公開された時のショックは相当なものだ。いまどきの若者カップルは、その場を盛り上げるための「ノリ」だけで、裸の画像も撮影する。一見野放図なその行為の裏には、「この人なら大丈夫」という、相手への絶対的な信頼がある。このため、「ラブラブな」時期が過ぎて相手の本性が見え、実は自分を裏切るような人間だったとわかった時には、もう取り返しがつかない。

「だから別れた時に、『ヤバい』ってなるんですよ」と仁藤さん。

「画像を削除させる女の子もいるけど、もし相手がそれをパソコンに取り込んでいたら、スマホの画像だけ消してもらっても意味がない。ひょっとしたら相手は『こいつの身体こんなだったよ』みたいな感じで、男友達と一緒に、自分の裸の画像を楽しむかもしれない。でもそういうのは、その男友達の中に信頼出来る人がいて自分に教えてくれない限り、わからないですし」

恋人であれば、自分の住所や電話番号、学校名あるいは勤務先といった個人情報を全て把握している。自分の性的な画像と共に、それらの個人情報がネットに拡散されれば、日常の暮らしや社会的信用が土台から破壊されることになりかねない。いわば「爆弾」を相手に与えたに等しいのだ。その爆弾が、いつ投下されるか。撮らせた者は一生、恐怖に怯えながら過ごすことになる。

「でもやっぱり誰にも言えないですよね、それは。やっぱり、撮った側がすごく強いじゃないですか。『バラまくぞ』とか言われたり。そうは言われなくても、『バラまかれるかも』と自分で思っちゃうので」

実はリベンジポルノの相談機関には、実際に性的画像をネットにさらされたという悩みだけでなく、「別れた相手が自分の性的画像を持っていて、いつ出されるかわからない」という不安の声も、よく寄せられる。性的な被害の予防や啓発に取り組むＮＰＯ法人「しあわせなみだ」の代表、中野宏美さんに話を聞いた。

「『自分の裸の画像が（元）恋人の手元にあるんだけど、どうしよう』という相談が多いです。

脅されていなくても心配、ということです。画像をなんとなく撮ったという人もいるし、嫌だと言ったけど撮られた、という人もいる。断れなかった、という人も目立ちます。それほど乗り気ではなかったが、断れる雰囲気ではなかった、と。積極的に抵抗することは出来なかったという人は非常に多い。もし断ると雰囲気を崩すから、とか、相手を不快にさせてしまうから、という理由です」

相談者たちは、性的な撮影に応じてしまった自分を責めがちだという。だが中野さんは対応する際、「自分が積極的に撮影に応じたのか、相手に無理矢理撮られたのか」は問わない。

「どちらにせよ、起こっていることはリベンジポルノという加害です。なぜなら、たとえ撮影に同意していたとしても、公開を前提とした同意ではない。同意した目的が違います。画像を公開するという点で、加害者に責任があります。相談者としても、撮影を断ることが出来なかったというのはとても言いづらい。また、自らが撮影された性的画像について、他人に相談すること自体、かなりの精神的負担がかかることになる。やっぱり自分が悪い、と思ってしまう。本当はそうではないんです。撮影に同意をしていようがいまいが、本人の同意なく性的な画像を公開することは、リベンジポルノであることに変わりはないんです」

性産業に起因するもの

ＪＫビジネスや児童ポルノといった性産業で発生するリベンジポルノの場合、撮影される被害者は、無理矢理服を脱がされたり、強引に性行為をされたりするなどの性暴力にもあうケースが多い。このため、精神的なダメージはより深刻になり、長期化する。

強制売春をさせられたカナさん（前述82頁）は、受験を理由に組織を抜けて8ヵ月ほどが経った高校3年生の秋から、パニック発作を頻発するようになった。最初に症状が出たのは、模擬試験の会場で、英語の長文問題を解いている時。突然動悸が激しくなり、目がかすんだ。

「この問題を解かなきゃいけないけど無理。このままいたら私、倒れちゃう」

急いでトイレへ行って個室に倒れ込み、しばらくしたら収まった。同じようなことが何度も続き、勉強に集中出来ない。9校を受験し、滑り止めの1校にしか受からなかった。

大学生になってからも症状は変わらず、食欲も落ち、身体はどんどん痩せていく。精神科の医師には、「パニック障害」（パニック発作などを繰り返すもの）と「社会不安障害」（特定の場面で強い不安を感じるもの）と診断された。

高校時代の被害のことは、医師にもなかなか言えなかった。病院に通い出して5年以上が過ぎ、「この人とは相性が合う」と確信出来て、ようやく打ち明けられた。被害から12年が経ったいまも、診察やカウンセリングを定期的に受ける日々が続く。

「自分の精神的なケアは、ずっとやらないといけないんだろうなと思います」

撮影されること自体が嫌になる被害者もいる。性的な撮影の被害経験があるかどうかは、カメラを向ければすぐわかる、と仁藤さんは言う。

「出会った女の子に『一緒に写真撮ろう』と言って、スマホを取り出す。その時に、『カメラやめて』『写真は嫌』と顔をそむけたり、と拒絶反応を示したりする子がいるんです。話を聞いてみると、盗撮の被害にあっていたり。『援助交際デリバリー』（業者が出会い系サイトなどで援助交際目当ての客を集め、主に未成年を派遣するもの。違法）に囲われて、業者に性的暴行をふるわれたり客に性行為をされたりする時に、撮影された子もいます」

性産業で働いていることを親や友人、恋人などに内緒にしていれば、リベンジポルノの被害にあっても、誰にも相談出来ないと思いがちだ。そして、悩みを1人で抱え込むことになる。

「相談すれば親や学校にばれてしまうので、泣き寝入りするしかないと思っている中高生は多いんですよね」と仁藤さん。

「ＪＫ撮影会で客に撮らせた画像を拡散されてしまった女の子の場合、親にそのバイトのことを知らせていないからヒヤヒヤしていました。でも何も言えないし、誰も何も対策はとってくれない。店の人に相談したところでしょうがない。親にバレないように、自分が騒がないように、事がこれ以上大きくならないようにしたい、って感じですね」

6 加害者はどのような気持ちなのか

恋愛に起因するもの

恋人の性的画像を撮影したがる者は、いまや特別な存在ではない。共有する時間を盛り上げたい、親密度を深めたいという思いから、多くの若者がその場のノリで、ごく気軽に撮る。相手の身体を魅力的と感じ、手元に保存したいと撮る者もいる。いずれも、純粋な恋愛感情から発せられた行動といえよう。

しかし、自分が手に入れた恋人の性的画像をリベンジポルノとして悪用しようとする者の場合、そこにあるのは歪んだ考えだ。

2014年8月1日、東京地裁立川支部。私は、三鷹女子高生殺害事件の一審判決を傍聴した。入廷した池永チャールストーマス被告は、傍聴席や法廷内を見回し、そわそわした感じ。犯行に備えて鍛えたという身体は、筋骨隆々としている。

池永被告は、無職であるのにフェイスブックで大学生と身分を偽り、裕福な家庭に育って芸能活動もしている被害者と知り合った。一審判決によれば、池永被告は被害者に依存し、強く執着していたという。別れ話を切り出した被害者に関係回復を迫っていた時、被害者の父親から警告を受け、自分の存在が全否定され拒絶されたと恨みを抱いた。被害者が他の異性と交際することへの強い嫉妬心から、殺害を決意。殺すだけでは飽き足らず、全てを壊してやろうとして、被害者の性的画像をネットに公開することを考えたとされる。

リベンジポルノは、相手の性と尊厳を侵害する「性暴力」の一種である。性暴力の加害者たちに会い、話をすることもある中野さんは、「加害者の心理の特徴は3点ある」と指摘する。

「1点目は、それが加害だと気付いていないことです。性暴力が何なのかは知っているが、自分のやっていることが性暴力とは気付いてない加害者も多い。2点目は、相手が自分の思いどおりにならないのが許せないことです。恋人と、自分の意に添わない形で別れたとか、元恋人が、自分よりとてもグレードの高い人と付き合い始めたとか。3点目は、被害者の不幸が自分の幸せと思っていることです。他者との比較に基づいてしか、自分を評価できない。上か下かで判断します。相手が不幸になることで、自分は幸福になるんだ、と考えます」

池永被告が犯行に至った背景として、家庭環境も明らかになった。フィリピン人の母と日本人の父との間に生まれた同被告は、幼少期に両親が離婚し、母親からネグレクト（育児放棄）を受け、母の交際相手からは暴力を振るわれた。このため自己感が十分に形成されず、愛情に飢え、他者に共感する能力も育たなかった。判決理由では、「被告の成育歴が、犯行に一定程度影響を与えていた」とされた。

リベンジポルノを始めとする性暴力の加害者と、成育歴との関連性について、中野さんは次のように語る。

「暴力は、コミュニケーションの1つです。手を上げるだけで、簡単に相手が動いてくれる。こんなに楽な方法はない。家族関係が非常に暴力的であったりすると、暴力以外のコミュニケーションを習得する機会が奪われます。上下関係しか知らずに生きてくると、暴力で相手を支配する形での人間関係を、当たり前と思ってしまうことがあります」

懲役22年の判決を言い渡されて閉廷した後、池永被告は無表情だった。座った膝の上で両手を組み、顔を前へ向けて、じっと空間を見つめている。自分だけの世界に入り込み、犯した罪の重さには、自覚が至っていないように見えた。

性産業に起因するもの

性を売り物にするビジネスの場で、リベンジポルノを引き起こす加害者は何を考えているのだろうか。

ＪＫ撮影会で女子高生を撮り、無断でネットに載せる男たちの場合は、「女の子の写真を集めているようなおじさんが多いのではないか」と仁藤さん。

「女子高生のそういう写真を集めたサイトとかが結構あるんですよ、気持ち悪いのが。制服を着た女の子がペタンコ座りして、胸元がはだけているのとか。そういう写真を集めている愛好家がいますから」

ネット上の巨大掲示板には、「ＪＫ撮影会でのお宝画像」といったテーマで、制服姿の少女たちの露出した上半身や下半身を公開しているものもある。投稿する加害者は、写っている彼女たちの顔をせめて隠してやろうともせず、こうした画像の拡散が与えるダメージへの配慮や罪の意識は微塵も感じられない。閲覧者たちから「こんな画像よく撮れたな」「いいものを見せてくれてありがとう」などと称賛を浴び、自己満足に浸っているように見受けられる。

「そういう人は弱い人を狙うのが得意だから、女子高生なんて格好の餌食です。写真を撮るだけだから、加害者は何も問題とは思っていないでしょうね。撮影会を主催する店長も、仕事の一環として、客と一緒に撮るよう女の子に指示しますし。そうすることによるリスクは無限にあるのに、背負うのは女の子だけ。画像の使い方が管理出来ないから、本当に危ないですよね」

加害者が少女や少年の性的な画像を入手する先は、撮影会に限らない。携帯メールやLINEでのやり取りを通して仲良くなり、裸の画像を送らせるケースも多発している。こうした加害者の狙いは何か。単に、自らの性欲を満たすためだけだろうか。性産業における撮影被害の相談を受け付けるNPO法人、「人身取引被害者サポートセンター ライトハウス」の藤原志帆子代表に聞いた。同団体には過去約6年間で、性的画像のトラブルに関する相談が100件以上寄せられたという。

「自分が消費するためにやっている人だけでなく、利益になるからとやっている人もいると思います。画像を5点セットで3000円、10点セットで5000円で売るっていうのを、ひたすらしている人たちがいますから。被写体になる児童は、若ければ若いほど単価も高いですよね。中高生のほうが、成人女性よりもマーケット的には価値があるので」

ネット上のアダルト系通販サイトでは、女子高生の性的画像が多数販売されている。デジタル画像であれば、売るために何回コピーしても、元画像が消耗するわけではない。加害者にとって利益率は高く、「おいしい仕事」と捉えていることだろう。こうした画像を入手するために、被写体となる少女に接近する加害者の手法には目を見張るものがあると、藤原さんは言う。

「加害者のメールやメッセージでのやり取りがすごく上手なんですよね。きめ細かい気遣いもあり、優しいんですよね。『週末も部活お疲れ様！』とか、『(プロフィール写真を指して) 前より痩せた？　かわいいね』とか、本当にその子を気にかけているようなこととか、少女が喜んでいるんだろうなあってことを言ってくれるんですよね。しかもコマメに、そういうことをやっていて。どんな子でも、きっと嬉しくて気持ちが傾いたり、頼りたくなったりするような。遠くにいる疑似彼氏みたいな感じで、女の子もいつか会うのを楽しみにしながら、やり取りをしている。信頼をしていく中で、素顔の写真を見せたり、住んでいる地域だとかも教えたりしてしまう。「ちょっとエロい写真も見たい」と言われて、下着姿とか、肌を出したような写真を送ってしまう。最終的に『家にこの画像バラまくぞ』って脅されてどうしよう、みたいな相談がきたこともあります」

とはいえ、加害者はあらゆる少女を手当たり次第に狙うわけではない。「ひっかかりそうな」被害者を、見分けるポイントを持っているのだという。

「家や学校で受け入れられなかったり、自分らしくいられる場所がなかったりする子は特に、出会うことが前提の掲示板やSNSを、自分で見つけたり周りから紹介されたりして始めます。加害者もそういう子たちがそこにいるのがわかるから、そこで接触をする。で、大体そういう子たちは寂しい思いをしている分、人とつながりたい気持ちもあったりして、加害者にとっては操りやすいんです」

ネットの掲示板やツイッターで性的な自分の画像を披露する少女たちと同様、ネットで知り合った相手に急速に心を許す少女は、誰かに認められたい、必要とされたいという思いが強いのだろう。加害者はそうした少女の心理を熟知し、付け入ろうとする。彼らにとって少女という存在は、個人としての人格や苦悩はどうでもよく、「金のなる木」でしかないのかもしれない。

第3章

性が拡散される社会を どう生き抜くのか

1 相談機関に連絡すれば解決するのか

若者はそもそも、相談すべきこととして考えていない

リベンジポルノの被害にあったら、どのように対応すればいいのだろうか。大人としてはまず、「どこかに相談しなさい」と被害者に促したくなるかもしれない。

だが、若者たちはそもそも、自分の性的な画像が拡散されることを「相談すべきこと」として考えてはいない。仁藤さんはこう言う。

「ツイッターとかに画像を勝手に転載されても、女の子たちはそれを相談してくる感じじゃないんですよ。深刻な声は聞こえない。そこが、すごく問題なんだと思います」

なぜ、悪用されたことを大変とは思わないのか。

「あまりによくあることなので、『相談するようなレベルのことではない』と女の子は思っているんです。悪用は問題なんだけど、もはや問題と思えないんですよね。だから女の子もわざ

わざ相談にくるわけじゃなくて、『ねえ聞いて下さいよ〜、この前こんなことがあって〜』みたいな感じで軽く話すだけ。私が『えー、それヤバいじゃん』と言いながら、さりげない会話の中で危険を伝えます」

これまで見てきたように、アダルト動画の配信サイトや、ツイッターで援助交際を募集しているアカウントのプロフィール画像には、少女たちの顔や水着姿、裸の画像を無断で転載したと見られるものも少なくない。若者たちにとって、そうした被害は当たり前過ぎて、いちいち危険だとは考えられない。自分の尊厳が侵害されることに慣れてしまっているのだ。拡散された内容は一生付いて回るというのに、事の重大さに対する感覚が、麻痺させられている。

仁藤さん自身も高校時代、性的な画像が悪用されることを、深刻に受け止めてはいなかったという。

「私の周りにも当たり前にあったので、『よくあるよね』って感じなんですよ。リベンジポルノっていう言葉が使われるようになってから、危険を伝えやすくなりました。それ以降は私の友人たちも、『元彼に裸の画像を撮られちゃったよ、どうしよう、怖いね〜』、みたいな話をするようになりました。でも、『怖いね』で終わっちゃいます」

「怖いね」と言い合いながらも話がその先に進まないということは、若者たちがリベンジポルノを「対処可能な問題」とは思っていないということだろう。危険なことをされたと気付いたとしても、だからといって自分に何が出来るのか。いったん拡散された画像を回収することなど、不可能ではないのか。そう考えると、相談することすらあきらめてしまうことになる。

「なすすべがないと思っているんです」、と仁藤さん。

「JK撮影会とかをやっている女の子に対しては、『すぐネットにさらされたりするから危ないよ、ツイッターに一度出ちゃったらもう消えないんだよ、と私も言います。でも女の子たちは『そうなんですよね〜』と言いながらも、どうしようも出来ないことだよね、みたいな感じ。だから、リベンジポルノという言葉が出てきたのはすごくいいなと思います。高校時代の私も含めて、相談すべきことと思ってなかったので。だってよくあるし、しょうがない、みたいな。だって撮らせちゃったし、もう今さら、みたいな感じで」

相談先

「リベンジポルノ」という言葉が日本で知られるようになったことは、性的な画像が拡散される事態について「相談しても良いもの」との認識を被害者に広めた点で、意義深いといえよう。

だが、実際にリベンジポルノの被害に巻き込まれた時に相談出来る窓口は、まだ多くはない。２０１５年9月現在、リベンジポルノ専用とうたう相談窓口は見当たらない。

とはいえ、ネットに関する被害、恋愛に関する被害、性産業に関する被害といった大きな枠の中で、様々な相談に応じる窓口はある。その一環として、リベンジポルノの悩みも受け付ける場合がある。主なものは次のとおりだ。いずれもネット上で検索すれば、詳しい情報を入手出来る。

【ネットに関する被害】

・セーフライン
・インターネットホットライン連絡協議会
・インターネット・ホットラインセンター
・インターネット違法・有害情報相談センター
・全国webカウンセリング協議会
・都道府県警察本部のサイバー犯罪相談窓口（ネット上でも相談可能）

【恋愛に関する被害】

・NPO法人「しあわせなみだ」
・デートDV相談窓口（『デートDV110番』NPO法人「エンパワメントかながわ」運営、『女性の心と体を守る情報なび』NPO法人「FOSC」運営など）
・法テラス犯罪被害者支援ダイヤル
・自治体の男女共同参画センター

【性産業に関する被害】

・一般社団法人「Colabo」
・NPO法人「人身取引被害者サポートセンターライトハウス」
・PAPS（ポルノ被害と性暴力を考える会）

【各分野共通】

・法務省の人権相談（「インターネット人権相談窓口」ではネット上でも相談可能）
・自治体の人権擁護機関
・警察相談専用電話（#9110）

リベンジポルノの削除へ向けた取り組み

ネットに関する被害相談を受け付ける窓口のなかには、リベンジポルノ画像の削除要請まで、一貫して引き受けるものも出てきた。「セーフライン」である。ヤフー株式会社や株式会社ミクシィなど、ネット関連ビジネスを行う民間企業の有志により２０１３年に設立された、一般社団法人「セーファーインターネット協会」が運営している。

セーフラインでは、リベンジポルノに該当する画像や動画について国民から情報提供を受けた場合、ガイドラインに照らし、国内・海外のプロバイダに迅速な削除措置などの対応を要請するとしている。

どのようなケースがリベンジポルノに当たるかについては、「本人の意に反して、個人の裸の画像や動画が掲載されている場合」と定め、具体例として次の内容を挙げている。

・セックスやそれと同じようなことをしているもの
・相手の性器を触ったり、相手に性器を触られたりしているもの

・裸や下着姿で過激なポーズを取ったり取らされたりしているもの

拡散されたリベンジポルノ画像や動画を、ネット上で検出するためのシステム作りも進んでいる。webサイトの投稿監視などを行う「イー・ガーディアン」は2014年7月、東京大学との連携により研究・開発した画像認識システムを、サイト運営会社等に向けて提供し始めた。特定の画像や動画を人工知能に学習させることで、ネット上でそれらを自動で判別・把握することが可能になるという。ブログや投稿サイトなどにバラまかれたリベンジポルノ画像の抽出に活用出来るとしている。

若者にとって、相談のハードルは高い

リベンジポルノの相談窓口は徐々に設けられつつある。だが現実に、被害者が気軽に相談出来るかといえば、また別の話だ。リベンジポルノを始めとする性暴力については、被害者が声を上げにくい傾向がある。法務省の研究機関である法務総合研究所が2012年に実施した「第4回犯罪被害実態（暗数）調査結果」によれば、性暴力の被害を警察に届けた比率は18・

5パーセントと、2割にも満たない。

仁藤さんは「無理」を連発する。

「被害にあった子がどこかに相談するのは無理ですよね。無理、無理です。警察にも学校にも、相談機関にも相談できない子が多い。未成年が相談した場合は親に連絡されるケースが多く、そういうことをされた子がいると『相談すれば親や学校にばれる』と噂が広まって、相談できなくなります。だから、泣き寝入りしている」

未成年である被害者がどこかの窓口に相談すれば、基本的にはそこから保護者に連絡が行くことになる。子どもを保護する第一義的な責任は、親にあるからだ。

しかし、リベンジポルノの被害にあった子どもが、親にだけは知られたくないと考えることは珍しくない。自分が性的な撮影に応じたことを知られるのは恥ずかしい、画像も絶対に見られたくない、心配をかけたくない、怒られたくない、スマホを取り上げられたくない……。様々な思いが渦巻き、とても言えたものではない。

最近もそういうケースがあった、と仁藤さん。

「加害者が親の友達だったんです。17歳の女の子が、その40代の男に性的暴行を受けたり、その様子を撮影されたりしていて。でも親には言えなくて。その男は月に1回、家に遊びに来るんだそうです。だから親に言わない限りは、一生来る。親は娘が被害を受けていることに気付いていないから、日常でその男の名前を出すけど、そのたびにその子は気持ち悪くなって、実は吐いたりしていて。でも、親に言うって無理ですよね。17歳の女の子が大人の男に写真を撮られたり性的暴行をされたりして、言えないですよね。でも言えないでいると、よけい相手はいい気になって強気に出てきたりするので」

高校時代に強制売春をさせられていたカナさん（前述82頁）も、「いい子でいる期待に添わなくちゃ」と、親には打ち明けられなかった。親に連絡されるかもしれないと思うと、警察へも駆け込めなかった。

中学時代に裸の画像を送り、それをネタに相手から金を要求されたホノカさん（前述79頁）は、「親が知ったら、どんなに悲しむだろう」と考えると、言い出せなかった。

さらに、相談をすれば逆に被害者側が責められかねない、という問題もある。多くの大人にとって、性的な撮影に応じる若者の気持ちは不可解であり、「撮らせたほうが悪い」と決め付けがちだからだ。

「たとえ警察に言ったとしても、『なんでそんな画像を撮らせたの』みたいな質問をもしされたら、困っちゃいますよね。被害者としては『私が悪かったの？』みたいな。撮らせたら悪いんだ、と思っていないので。普通に『え、何？　私が悪いの？　責められてる？』と受け取っちゃうかもしれない。被害を告発することによって、その画像が支援者や警察関係者に見られることをリスクと考えて黙り込む子もいます。言ったところで全ての画像は消しきれないっていうのも、皆わかってるから。本当に無理ばっかりですね。女の子たちは、『被害を警察に届けなさい』とすぐに言う相談機関には行かないです」

繰り返すが、被害者が性的な撮影に同意するのは、あくまで内輪での共有にとどめることが前提だ。外部へ無断で画像を公開されることについては、同意していない。公開をした責任は、全面的に加害者にある。それにもかかわらず自分が悪者にされるのであれば、理不尽さを感じずにはいられない。

若者が被害を相談しない背景には、一度ネットに拡散した画像の削除は困難であることへのあきらめもある。前述のセーフラインのように、最近はリベンジポルノ画像の削除要請まで引き受ける相談機関が出てきたことは、若者にも周知されるべきだろう。

「加害者が顔見知りであることが多いというのも、相談出来ない理由の1つです」

そう指摘するのは中野さんだ。

「警察や行政に相談するには、相手を加害者と認めないといけない。そこに敷居の高さがあります。例えば、リベンジポルノをした（元）恋人が学校で同じクラスにいるなら、これからも毎日会い続けなければならない。そういう相手を、加害者として訴えられるかという話です。自分が相談したら、（元）恋人が犯人として捕まってしまうかもしれない。どうなっちゃうんだろう、と。その恐怖が、相談できないことにつながることもあります」

確かに、一時は好きだった相手を警察に突き出すことには、心情としてなかなか思い切れない。だが、加害者に反省はしてほしい。そんな場合は、警察から加害者に警告してもらう、という方法もあり得る。警察に訴えたとしても、加害者がいきなり逮捕されるわけではないという点も、若者に広く知られるべきだろう。

このように様々な葛藤から、被害者はなかなか相談する気になれない。だが世間は、被害者に対し、「泣き寝入りはするな。他に被害者を出さないためにも相談すべきだ」とハッパをかける。これが、被害者をさらに追いつめる。「泣き寝入り」という言葉は、相談をしない原因が被害者の弱さにあるかのような、被害者を責める響きを持つからだ。

交際相手に性行為中の動画を撮られ、販売すると迫られたモエさん（前述71頁）は、

「泣き寝入りって言わないでほしいです。本人が相談したくなければ、相談しなくていい」

と訴える。

中野さんは、被害者から相談を受けた場合、警察に被害を届けるかどうかは本人の意思を尊重するという。

「一番大事にしているのは、本人が回復することです。回復の手段は人それぞれなので、それぞれの人が自分で『選択』をして、回復の道筋を作っていけばいい。その1つとして警察に訴えるという手段がありますが、それは全ての人にとっての回復の手段ではない。警察に訴えるのは『誰のために、何のために』ということを考えると、場合によっては本人の回復につながらないこともあります」

警察に訴えるのは誰のためでもない。被害にあった自分のためだ。「他に被害者を出さないためにも」と急かされて、本当は気が乗らないのに無理に訴え、結果として嫌な気持ちを味わうようでは意味がない。

「加害者が捕まって実刑判決を受けたことが被害者本人の回復につながればいいが、残念ながらつながっていない人もいる。損害賠償を請求しても、支払わない加害者もいる。裁判で大変な思いをしたのに何だったんだろうと、かえって悲しい思いをする人も少なくありません」

私たちはなぜ、被害者に対して、「相談しないこと」を許そうとしないのだろうか。もしかしたら、犯人が捕まることで自分が安心したくて、被害者をけしかけてしまうのではないか。

被害者のためと言いながら、本当は、自分のエゴなのかもしれない。

だが、被害者にとって、相談をあきらめざるを得ない様々な要因があることを忘れてはならない。

「イケてる支援」が必要

ここまで見てきたように、リベンジポルノの被害者には、相談することへの葛藤がある。仁藤さんは再び「無理」を連発する。

「無理って思っちゃいますもんね。もう無理じゃん、みたいな。画像を流されたらもう無理。無駄な抵抗をして炎上しても無理だし、警察に言うとかも無理だし、親にバレるのも無理だし……と、出会う中高生たちは、考えれば考えるほど、頭の中が『無理』ばっかりになっている」

では、行政や警察、民間団体などの相談機関は、どのような形であれば被害者とつながることが出来るのか。実は仁藤さんにアイディアがある。

「イケてる支援」を行うというものだ。

イケてる、すなわち若者にとって魅力を感じられる形の支援が必要だという。確かに、相談先が魅力的であれば、若者も訪れやすくなる。具体的にはどのような工夫をすればいいのか。

「若いスタッフを入れて使うっていうのが、すごく大事だと思います」、と仁藤さん。

「大学生のボランティアや、秘密を守れるようなお姉さんだったらいいかもしれません。大人に相談するのは、若者にとってすごくハードルが高いので。若いスタッフがいる場で、なんかちょっとそこでお茶が出てきて、お菓子も選べるような感じがいい。そのうち被害者が話をしだしたら、『どうしたの』って若いお姉さんが聞いてくれて。その人が『え、それは問題だよ』と言って、一緒に大人の相談員のところに連れて行くようにするとか」

若者にとっては、相談に行くということ自体が、とても高いハードルになっている。そのハードルを下げるために、相談の入り口部分では世代の近いスタッフに対応してもらい、その後の大人による本格的な対応につなげる。このように相談の流れを2段階に分ければ、若者もすんなりとその流れに乗りやすいかもしれない。相談は匿名で出来て、被害者に無断で親や警察に連絡することはない、といった点も看板に掲げておけば、被害者にも安心してもらうことが出来るだろう。

さらに、「相談する場の雰囲気も重要」と仁藤さんは主張する。

「若い世代が相談しやすくするためには、『相談室』みたいな仕切られた空間よりも、むしろもっとポップな、カフェみたいな雰囲気にするのがいいと思います。相談室でよくあるのは、取調室のような無機質な部屋や、逆に、安心・安全な空間であるという感じやリラックス出来る感じを、大人が演出しようとしたような部屋が多い。そういう部屋よりも、日常に近い形で相談できるような場所があれば。若い子に場作りをやってもらうのはすごく大事だなと思います」

特に公的機関の相談室は、真っ白な壁に囲まれた部屋にグレーの事務机とパイプ椅子を置くような無機質な空間か、フリルのついた黄色いカーテンが飾られた部屋にピンクの花を生けた花瓶を置くようなメルヘンな空間か、両極端に分かれる印象がある。いずれも、若者にとっては日常で馴染みのある雰囲気とは程遠いため、身構えてしまう。

ここは若いスタッフのセンスを活かし、相談室の壁の色や室内の飾り、置物、家具などを工夫して、いまどきのポップでおしゃれな空間を演出してはどうだろう。若者に人気のあるカフェの内装を参考にするのもいい。

「年上の女友達とカフェでおしゃべりする感じ」の居心地の良さを目指せば、若者の抵抗感も和らぎ、相談に訪れることが可能になるかもしれない。

しかしながら、若者は被害にあった時、すぐに相談室へ直行するわけではない。まずは、ど

【資料３－１】

こにどのような相談室があるのかを調べることから始めるだろう。いまの若者が情報を収集する手段は、主にネットだ。ということは、ネット上にこそ、若者が身近に感じられる「イケてるサイト」を構築することが重要である。

リベンジポルノの相談に関する情報を発信するイケてるサイトとしては、『それってデートDVなんじゃない？』(www.1818-dv.org)が一例だ（資料３－１参照）。暴力のない社会を目指して人権啓発活動をしているNPO法人「エンパワメントかながわ」が、２００８年から運営している。

デートDVとは、「恋人同士の間で起きる暴力」を指す。DV、すなわちドメスティック・バイオレンスは、主に婚姻や内縁といった親密な関係における暴力として知られる。だが、DVは大人だけの問題ではない。結婚や同居に至る前の恋人同士の間でも広く起きており、それらが「デートDV」と呼ばれる。

エンパワメントかながわは同サイトの中で、デートDVを5つの暴力に分類している。

・**身体的暴力**…腕などを強くつかむ
　つねる・叩く・殴る・蹴る・噛む
　髪をひっぱる、突き飛ばす、刃物などを使って脅す
　相手に向かって物を投げつける　など

・**精神的暴力**…嫌な呼び方をする
　バカにしたり、傷つく言葉をいつも言う
　「やせろ」など身体のことを言う
　不機嫌になる、無視する
　大声で怒鳴る、にらむ、暴力をふるうと脅す、物を壊す

優しくするのと暴力をふるうのとを交互にして混乱させる
暴力をふるっても「たいしたことない」「やっていない」などと言う
不都合なことの責任を押しつける　など

・**行動の制限**……メールや携帯電話の着信履歴をチェックする
行動や服装などを細かくチェックしたり、指示したりする
友人関係を制限したりして、孤立させる　など

・**性的暴力**……無理矢理に性的行為をする
無理矢理いやらしい雑誌やビデオなどを見せる
避妊に協力しない　など

・**経済的暴力**……2人のデート費用などいつもお金を払わせる
お金を借りたまま返さない
無理矢理に物を買わせる　など

リベンジポルノが発生する一因として、「自分の意に反して、交際相手から性的な撮影を強要される」というケースがある。恋愛関係におけるこうした強要も、デートＤＶだ。

同サイトはデートＤＶについて、

「どれも相手に恐怖心を与えるもの。暴力を受けると怖くて、いつもびくびくして、したいことができなくなります。暴力は、相手を怖がらせて、あやつる力であり、コントロールするための手段となっていきます」

と解説している。恋愛関係において、本来は対等であるはずの力関係がアンバランスになり、相手のことを「怖い」と思えば、それはデートＤＶなのだ。

エンパワメントかながわの協力で横浜市が実施した「デートＤＶについての意識・実態調査（２００７年）」によれば、交際経験のある高校生と大学生のうち約35％が、「これまでにデートＤＶの被害にあったことがある」と答えている。10代のカップルでは3組に1組の割合で被害が起きていると考えられ、大変身近な問題だ。

『それってデートＤＶなんじゃない？』のサイトは、そうした被害者あるいは被害者予備軍の若者に情報を届けるため、様々な工夫を凝らしている。水玉模様の青い画面を背景に、タイトルの文字にはピンク色の可愛らしいフォントを使い、デートＤＶの事例をイラストと吹き出しのセリフで漫画のように紹介する。ハートマークやキラキラの星マークも散りばめるなど、女子高生が好む「かわいさ」をサイト全体に演出している。

その上で、相手の行為がデートDVかどうかを判断するチェックリストや、デートDVにあった時にどう対応すればいいかのQ＆A、お互いを大切に出来る関係になるための気持ちの伝え方、といった実用的な情報を満載。相談機関へのリンクも掲載している。

エンパワメントかながわは2011年から、全国初とされるデートDV専用の電話相談「デートDV110番」を行っており、そのフリーダイヤル番号（0120－51－4477）を同サイトのトップに掲載している。このサイトは、若者に相談を促すための入り口という位置付けでもあるのだ。2008年には携帯電話用のモバイルサイトも立ち上げ、これまでに全国から約30万件のアクセスがあったという。

「サイトを見て、電話をかけてくる人は多いですね。チェックリストを見たりとかして。高校生にデートDVを知ってほしいという思いで作りましたが、実際には先生などの大人も見ていると思います」

理事長の阿部真紀さんはそう語る。

電話をかけてくる人に対しては、どのような言葉をかけるのだろうか。

「アドバイスはしなくていいと思っています」と阿部さん。

「例えばいじめ問題でも、いじめられた人に対して『いじめられないようにするために毎日挨拶しなさい』とか『強くなりなさい』とか、アドバイスしがちじゃないですか。でもアドバイスっていうのは、それを裏返すと、それが出来ない自分が悪いんだってことになるんです。リベンジポルノについても『断ればいい』『別れればいい』みたいに、『こうするといい』『こうしなさい』っていう言い方をすると、本人にそれが出来ないことで、またまた難しくなっていくので」

相談を受ける側は、解決のための行動を被害者にあれこれ指示したくなりがちだ。だが、被害者が何らかの理由でその通りに動けない場合、ますます追い詰めることになる。そこで阿部さんたちは、被害者自身の主体的な力を育むことを目指している。

「その人自身がどう自分で選ぶかを支えるっていう『エンパワメント』をしています。何が出来るかを一緒に考える、選択肢を考える。本人は知らない事がいっぱいあるだろうから、『こうするとこうなるよ』とか『他にはこういう所があるよ』と伝えて。でもあなたが選ぶんだよ、っていうのを支えていくことですね。後はもう、ものすごい不安、ものすごい怒り、色んな気持ちをこちらが受け止めて、自分で選ぶ力を取り戻していってもらう。他の相談機関を

【資料3－2】

ただ紹介してたらい回しにはしたくないので、本人が納得のいくまで聞くようにしています」

２０１４年秋には、高校生よりも少し上の年代の被害者に向けたサイト『デートＤＶ１１０番』（http://ddv110.org/）も新たに開設した（資料３－２参照）。パステルカラーを基調とする、落ち着いた色合いの画面だ。スマホでの閲覧にも対応している。

デートＤＶのチェックリストには、

・セックスをしている時の動画をネットにアップすると脅す

・裸の写真や動画を送らないと別れると脅す

といった、リベンジポルノに発展する恐れのある言動も盛り込んでいる。

デートＤＶに気付いた本人だけでなく、友達や親、先生など、周囲からの電話相談も受け付けるのが特徴だ。「周りからの相談を受けていくことは、すごく大事な解決策と思っている」からだという。

「デートDVを受けている時って、被害者本人はなかなか気付きません。でも、周りの人たちは気付いていています。周りで見ていると、デートDVが繰り返されるのはすごくわかりやすい。そうしたら周りで出来ることは、その被害者に声をかけ続けることなんです。でも、相手は迷惑がって離れていく。離れていくけど、あきらめない。離れていくけどあきらめないっていうのは、ものすごく疲弊します。その疲弊した人が自分で抱え込まずに、また誰かに助けてもらう。助けている人も、またさらに別の誰かに助けてもらう。そんな風に、被害者本人だけではなくて、周りを支えることもすごく大事です。『別れなさい』と言っても別れない。別れさせなきゃ、でも別れないっていうのを周りで見ていると、本当に嫌になってしまうんですよ。もどかしくて。そこを、もどかしくならないように支えていきたいです」

サイトでは周囲の人へ向け、

「デートDVの被害にあっている人は、そのことに気付いていていない場合が多い。あなた自身が、電話相談を利用して」

と呼びかけている。

だが、このように工夫を重ねても、若者からの電話はあまりかかってこないと阿部さんは言う。

「相談の約半分が被害者本人からで、そのうち一番多いのは、20代の大学生や会社員です。神奈川県内の全ての中学校と高校に、デートDV110番のポスターを貼って周知はしているのですが、中高生からはあまり電話がかかってこないですね。2014年からフリーダイヤルにしたら、少しはかかり始めていますが。電話相談というハードルが、10代には高いようです。『会ったこともない人に電話したら怒られるんじゃないか』とか思ってしまうみたいで」

どうすれば、より相談してもらいやすい存在になれるか。阿部さんたちは模索を続けている。

相談機関にいる人の顔が見えない

相談機関が自らのハードルを下げる方法を諸々紹介してきたが、若者にとってはまだ不十分なようだ。一体、他に欠けているものは何なのか。

「そもそも、そういう相談機関って、相談を受ける側の顔が見えない時点でもう無理なんです」

こう指摘するのは仁藤さんだ。

「誰がそこにいるのか、例えば『仁藤夢乃です』みたいな感じで私がここにいますっていうのを伝えることで、相談相手がどんな人かがわかれば、被害者も『この人にだったら言ってもいいかな』と思ったりします。女の子だったら、男性にはそういう相談はしにくいですし」

被害者にとってみれば、相談相手は誰でもいいというわけでは決してない。女性の被害者の場合、相談相手も女性であってほしいというのは最低条件だろう。テレビ局の記者時代にあちこちの警察署に顔を出していた私は、下ネタで笑い合う男性警察官たちを見るにつけ、「もし自分が性被害にあっても、このオッサンたちには絶対相談したくないな」と思ったものだ。

もちろん男性警察官にも、清廉潔白で女性の気持ちに寄り添える人もいると思われる。だが、被害を訴えようと警察に連絡した時、そのような人が対応に出てくる保証はないのだ。

では相談相手が同性ならば誰でもいいのかといえば、これも違う。その相手は、自分の言うことをしっかり理解してくれるだろうか。共感してくれるだろうか。こちらを責めたりしないだろうか。色々考えると、不安は尽きない。相談への一歩を踏み出そうとしても、足がすくんでしまう。

「『会ったこともない人に電話したら怒られるんじゃないか』と被害者は思うみたいだ」と、

阿部さんは言う。会ったこともない人というのは、自分との人間関係が出来ていない人、お互いの性格や立場も全く知らない人。要するに「心の距離」がある人だ。そんな相手に突然相談してもわかってもらえるのか、逆に怒られるのではないか、と被害者が躊躇するのは当然だ。

よって相談機関には、この距離を縮める努力が求められる。相談を受ける私はこういう名前で、こういう顔で、決して怪しい者ではありません。こういう専門性があって、リベンジポルノについてはこんな考えを持っていて、あなたの思いに寄り添う用意がありますから安心して相談して下さい……。そんなメッセージを、被害者に向けて発信することが重要だ。

「なんかそういう相談機関があるらしい、その窓口にはこういう人がいるらしい、みたいなことがわからないと、顔が見えないので怖いですよね。また無神経な大人が出てくるかも、と思っちゃったりとか。被害者は、『支援機関があります』って言われてもポンと行こうとは思えないので。私が関わっている女の子たちにとっては、気軽に使える窓口っていうのがないんですよ。相談機関の連絡先一覧を見ても、そこにどんな人がいて何をしてくれるのかわからないし。女子高生による口コミとかが読めれば、相談しやすくなるかもしれません」

このように語る仁藤さん。自身が代表を務める女子高生サポートセンター「Colabo」のサイト（http://www.colabo-official.net/）には、スタッフ紹介の欄を設けている。微笑むスタッフの顔写真と名前、資格や経歴、得意分野などを紹介している。

民間団体の場合、このように、相談を受ける者の個人情報をある程度公開しているところは他にもある。だが警察や男女共同参画センターといった公的機関の場合、相談窓口で対応するのが誰なのかは、ほとんど明らかにされていない。

もっとも機関によっては、相談対応者が逆恨みした加害者から危害を加えられるリスクもあり、個人情報を気軽に公開することは出来ないかもしれない。その場合は最低限、性別とニックネーム、似顔絵、資格、被害者支援への思いを明らかにしてはどうか。出来るだけ優しそうな人、自分の思いをわかってくれそうな人を選びたい被害者にとっては、そうした情報があるだけでも、相談するかどうかの判断材料になる。

訪問するタイプの相談窓口だけでなく、電話やメールによる相談でも同様だ。自分がコミュニケーションをとる相手の顔やプロフィールがわかっていれば、少しは親しみが増し、心を開きやすくなるかもしれない。

また仁藤さんは、訪問タイプの相談機関であれば、窓口の名称にも配慮が必要だと言う。

「その窓口が『リベンジポルノ被害専門』とかだと、逆に女子高生は行きづらかったりするんですよね」

以前、ある小さな町で開業した弁護士事務所が看板に「離婚問題専門」と大きく掲げておいたところ、全く相談者が訪れなかったという話を聞いたことがある。人に知られたくない問題を相談したい時、そのような看板のある場所に入る自分の姿も見られたくないものだ。リベンジポルノに対応するにしても、相談窓口の名称は「若者のネット・トラブル」など、ある程度一般化させたほうが良いだろう。

さて、相談員の個人情報をオープンにし、窓口の名称も整えた。ではすぐに被害者が1人で相談にやって来られるかというと、「それも難しい」と仁藤さん。ここで大事な役割を果たすのは、前述の「若いスタッフ」だ。相談に行くということのハードルを下げるために、最初の段階で対応するこのスタッフが、まず被害者と信頼関係を築く。大人による本格的な対応はその後だ。

「『相談窓口にいる○○さんと私は知り合いだから大丈夫だよ』などと信頼するスタッフに言われれば、『会ってみてもいいかな』『相談してみてもいいかな』と思ってくれることがあります。それも最初はスタッフが一緒に行って、同行支援を繰り返すうちに、専門の相談員との信頼関係が出来れば、本人が1人で行けるようになるかもしれない。そのぐらい時間と労力を使って、信頼関係構築まで出来ないと難しいです」

ようやく窓口での対応に至っても、被害者は簡単に口を開くわけではない。「相談内容を話すのも、相手の反応を窺いながらなので。関係を作っていく中で『実は』って。実は、実は、実はとなって、性被害とかリベンジポルノの話とかも出てきたりします」

リベンジポルノの被害者は、信じていた相手に裏切られたという経験をしたため、人間不信に陥っている可能性がある。新たに現れた相談相手に対しても、心の内をさらけ出すことに慎重になるのは無理もない。相談を受ける側には、焦らず、時間をかけて対応していくことが求められよう。

2 法律を使えば解決するのか

リベンジポルノに関する法律

2013年10月に発生した三鷹女子高生殺害事件（前述17頁・98頁）は、政府にも衝撃を与えた。事件から4ヵ月後の2014年2月、自民党はリベンジポルノへの対応策を検討する特命委員会を設置。同年11月には、対策法を議員立法で成立・施行させた。

新たな法律の名称は、「私事性的画像記録の提供等による被害の防止に関する法律」（「リベンジポルノ防止法」。**資料3－3参照**）。全6ヵ条から構成されている。

性的な画像をネットなどに提供するなどした行為の処罰や、被害者に対する支援体制の整備を定めることで、個人の名誉や私生活の平穏が侵害されたことによる、被害の発生や拡大を防止することが目的だ。

この法律が対象とする性的な画像とは、どのようなものか。

リベンジポルノ防止法第2条第1項各号は「私事性的画像記録」の定義を、「児童買春、児童ポルノに係る行為等の規制及び処罰並びに児童の保護等に関する法律」（「児童買春・児童ポルノ禁止法」）における「児童ポルノ」の定義（同法第2条第3項各号）にならい、次のように定めている。

1. 性交または性交類似行為に関係する人の姿態（例：異性間・同性間の性交行為、手淫・口淫行為など）

2. 他人が人の性器等を触る行為、または人が他人の性器等を触る行為に関係する人の姿

態であって、性欲を興奮させまたは刺激するもの（例：性器、肛門または乳首を触る行為など）

3. 衣服の全部または一部を着けない人の姿態であって、殊更に人の性的な部位が露出され、または強調されているものであり、かつ、性欲を興奮させまたは刺激するもの（例：全裸または半裸の状態で、扇情的なポーズをとるものなど）

定義は「児童ポルノ」にならうものの、リベンジポルノ防止法においては、撮影対象者の年齢は18歳未満に限定されない。「私事性的画像記録物」には、右記**1.**から**3.**のいずれかを撮影したものであれば、デジタル画像などの電子情報のほか、写真やビデオテープ、CD－ROM、USBメモリなども含まれる（同法第2条第2項）。

本人（撮影対象者）が第三者に見られることを認識した上で撮影を許可した画像（AVやグラビア写真など）は、この法律で保護される対象にならない。保護対象として主に想定されるのは、誰にも見せない約束で撮影を許可した画像や、交際相手だけに見せるつもりで自ら撮影した画像、交際相手に隠し撮りされた画像、第三者による盗撮画像などである。

罰則についても、2014年12月から施行された。リベンジポルノ防止法第3条は、罰則を

「公表罪」と「公表目的提供罪」の2つに大別している。

「公表罪」とは、「撮影対象者を特定することができる方法」で、私事性的画像記録（物）を不特定もしくは多数の者に提供し、または公然と陳列することである。これを行った者は3年以下の懲役、または50万円以下の罰金に処せられる。

例えば、元交際相手から交際中にもらった裸の画像をネット掲示板に載せたり、近隣女性の裸を盗撮した写真を、その女性が住むマンションの居住者たちの郵便受けに投かんしたりする行為などが該当する。

「撮影対象者を特定することができる方法」は、画像自体から特定可能な場合のほか、添えられた文言や掲載した場所など、画像以外の部分から特定可能な場合も含むとされる。

「公表目的提供罪」とは、公表罪にあたる行為をさせる目的で、私事性的画像記録（物）を提供することである。これを行った者は1年以下の懲役、または30万円以下の罰金に処せられる。

例えば、元交際相手の裸の画像を拡散させることを狙って、ＬＩＮＥなどのＳＮＳで友人に送信したり、盗撮した女性の裸の写真を広める目的で、友人に手渡したりする行為などが該当する。このように、画像を公表する前の段階の行為も、罪に問われることとなった。

海外で同様の罪を犯した日本国民にも、この法律は適用される。

なお、これらの罪は、被害者側（被害者本人かその代理人、もしくは遺族）からの告訴（警察署か検察庁に犯罪事実を申告し、犯罪者の処罰を求める意思表示をすること）がなければ、加害者を刑事裁判にかけられない「親告罪」だ。告訴期間は、原則として犯人を知った日から6ヵ月以内に制限される。

リベンジポルノ防止法は、ネット上に出回った画像の削除を、迅速に行える仕組みも取り入れた。

性的な画像がネットを利用して提供されると、その拡散は早く、被害者が受ける損害は重大かつ回復困難であり、削除の緊急性が高い。このため同法第4条は、ネットのプロバイダ（接続業者）が被害者から画像削除の申し出を受けた時、投稿者の反論がないのを確認して削除するまでの期間を、従来の7日間から2日間に短縮した。

削除を申し出る者としては、撮影対象者である本人に加え、撮影対象者が死亡した場合には、一定範囲の遺族（その配偶者、直系の親族または兄弟姉妹）も認められている。

支援体制の整備などについても、第5条で定める。被害者が告訴などを行いやすくするため、捜査機関における体制を充実させることや、画像削除の申し出先や申し出方法を周知するため、広報活動などを充実させることが盛り込まれた。

また、被害者の相談に一元的に応じ、適切に対応するための体制を整備することとした。すなわち、被害者がいずれの相談機関の窓口にアクセスしても最も適切な援助を受けられるよう、相談を受け付けた機関が、相談者を相談内容に応じて関係機関などに確実に引き継ぐことが想定される。

第6条では、被害の発生を未然に防止するため、学校や地域、家庭、職場などで、被害者にも加害者にもならないための教育と啓発活動をするよう定めた。

同法が成立する前、リベンジポルノについては、被害者が18歳未満の場合には児童買春・児童ポルノ禁止法で、18歳以上の場合には刑法のわいせつ物頒布罪や名誉毀損罪で、それぞれ対応が可能との声もあった。

だが、例えばわいせつ罪の場合、基本的に被写体の性器が写り込んでいなければ該当しない。性器部分にモザイクがかかっていたり、胸部だけ公開していたり、性交していることはうかがえるものの性器は写っていなかったり、といった画像は、「わいせつ」とは判断されにくいのだ。リベンジポルノ防止法であれば、これらの画像も摘発対象になる。

名誉毀損罪についても、被写体がどこの誰なのかを不特定多数の人が特定できる状況の時に適用されるもので、単に画像だけが拡散する場合は該当し難い。だがリベンジポルノ防止法では、被写体の顔にモザイクをかけたり後ろ姿を写したりしたものでも、ホクロの位置や特徴的なタトゥー、背景などで人物が特定される画像であれば、広く摘発の対象になると見られる。

リベンジポルノ防止法の施行を受け、2015年に入ってから摘発が相次いだ。2月に福島県で、同法違反の疑いにより全国初の逮捕者が出た。逮捕されたのは会社員の男（33歳）。ショッピングセンターの駐車場で、元交際相手の下着姿や裸を含む写真を数十枚バラまき、不特定多数の人が見られる状態にしたとされる。

ネット上での画像拡散についても、3月に初めて、リベンジポルノ防止法が適用された。同法違反容疑で逮捕されたのは、鳥取県の無職の男（39歳）。元交際相手だった女性（20歳）の裸の画像10点をツイッターに投稿し、不特定多数の人が見られる状態にしたとされる。「女性に復縁を求めるメールを送ったが、返事がなかったので恨んだ。反省している」と供述。画像が投稿されていることを友人に知らされた被害者が、警察に相談したという。

【資料3－3】

私事性的画像記録の提供等による被害の防止に関する法律（「リベンジポルノ防止法」。平成二十六年十一月二十七日法律第百二十六号）

（目的）

第一条　この法律は、私事性的画像記録の提供等により私生活の平穏を侵害する行為を処罰するとともに、私事性的画像記録に係る情報の流通によって名誉又は私生活の平穏の侵害があった場合における特定電気通信役務提供者の損害賠償責任の制限及び発信者情報の開示に関する法律（平成十三年法律第百三十七号）の特例及び当該提供等による被害者に対する支援体制の整備等について定めることにより、個人の名誉及び私生活の平穏の侵害による被害の発生又はその拡大を防止することを目的とする。

（定義）

第二条　この法律において「私事性的画像記録」とは、次の各号のいずれかに掲げる人の姿態が撮影された画像（撮影の対象とされた者（以下「撮影対象者」という。）において、撮影をした者、撮影対象者及び撮影対象者から提供を受けた者以外の者（次条第一項において「第三者」という。）が閲覧することを認識した上で、任意に撮影を承諾し又は撮影をしたものを除く。次項において同じ。）に係る電磁的記録（電子的方式、磁気的方式その他人の知覚によっては認識することができない方式で作られる記録であって、電子計算機による情報処理の用に供されるものをいう。同項において同じ。）その他の記録をいう。

一　性交又は性交類似行為に係る人の姿態

二　他人が人の性器等（性器、肛門又は乳首をいう。以下この号及び次号において同じ。）を触る行為又は人が他人の性器等を触る行為に係る人の姿態であって性欲を興奮させ又は刺激するもの

三　衣服の全部又は一部を着けない人の姿態であって、殊更に人の性的な部位（性器等若しくはその周辺部、臀部又は胸部をいう。）が露出され又は強調されているものであり、かつ、性欲を興奮させ又は刺激するもの

2　この法律において「私事性的画像記録物」とは、写真、電磁的記録に係る記録媒体その他の物であって、前項各号のいずれかに掲げる人の姿態が撮影された画像を記録したものをいう。

（私事性的画像記録提供等）

第三条　第三者が撮影対象者を特定することができる方法で、電気通信回線を通じて私事性的画像記録を不特定又は多数の者に提供した者は、三年以下の懲役又は五十万円以下の罰金に処する。

2　前項の方法で、私事性的画像記録物を不特定若し

くは多数の者に提供し、又は公然と陳列した者も、同項と同様とする。

3　前二項の行為をさせる目的で、電気通信回線を通じて私事性的画像記録を提供し、又は私事性的画像記録物を提供した者は、一年以下の懲役又は三十万円以下の罰金に処する。

4　前三項の罪は、告訴がなければ公訴を提起することができない。

5　第一項から第三項までの罪は、刑法（明治四十年法律第四十五号）第三条の例に従う。

（特定電気通信役務提供者の損害賠償責任の制限及び発信者情報の開示に関する法律の特例）

第四条　特定電気通信役務提供者の損害賠償責任の制限及び発信者情報の開示に関する法律第三条第二項及び第三条の二第一号の場合のほか、特定電気通信役務提供者（同法第二条第三号に規定する特定電気通信役務提供者をいう。以下この条において同じ。）は、特定電気通信（同条第一号に規定する特定電気通信をいう。以下この条において同じ。）による情報の送信を防止する措置を講じた場合において、当該措置により送信を防止された情報の発信者（同条第四号に規定する発信者をいう。以下この条において同じ。）に生じた損害については、当該措置が当該情報の不特定の者に対する送信を防止するために必要な限度において行われたものである場合であって、次の各号のいずれにも該当するときは、賠償の責めに任じない。

一　特定電気通信による情報であって私事性的画像記録に係るものの流通によって自己の名誉又は私生活の平穏（以下この号において「名誉等」という。）を侵害されたとする者（撮影対象者（当該撮影対象者が死亡している場合にあっては、その配偶者、直系の親族又は兄弟姉妹）に限る。）から、当該名誉等を侵害したとする情報（以下この号及び次号において「私事性的画像侵害情報」という。）、名誉等が侵害された旨、名誉等が侵害されたとする理由及び当該私事性的画像侵害情報が私事性的画像記録に係るものである旨（次号において「私事性的画像侵害情報等」という。）を示して当該特定電気通信役務提供者に対し私事性的画像侵害情報の送信を防止する措置（以下「私事性的画像侵害情報送信防止措置」という。）を講ずるよう申出があったとき。

二　当該特定電気通信役務提供者が、当該私事性的画像侵害情報の発信者に対し当該私事性的画像侵害情報等を示して当該私事性的画像侵害情報送信防止措置を講ずることに同意するかどうかを照会したとき。

三　当該発信者が当該照会を受けた日から二日を経過しても当該発信者から当該私事性的画像侵害情

報送信防止措置を講ずることに同意しない旨の申出がなかったとき。

（支援体制の整備等）

第五条　国及び地方公共団体は、私事性的画像記録の提供等による被害者の適切かつ迅速な保護及びその負担の軽減に資するよう、被害者が当該提供等に係る犯罪事実の届出を行いやすくするために必要な捜査機関における体制の充実、私事性的画像侵害情報送信防止措置の申出を行う場合の申出先、申出方法等についての周知を図るための広報活動等の充実、被害者に関する各般の問題について一元的にその相談に応じ、適切に対応するために必要な体制の整備その他必要な措置を講ずるものとする。

（被害の発生を未然に防止するための教育及び啓発）

第六条　国及び地方公共団体は、私事性的画像記録等が拡散した場合においてはその被害の回復を図ることが著しく困難となることに鑑み、学校をはじめ、地域、家庭、職域その他の様々な場を通じて、自己に係る私事性的画像記録等に係る姿態の撮影をさせないこと、自ら記録した自己に係る私事性的画像記録等を他人に提供しないこと、これらの撮影、提供等の要求をしないこと等私事性的画像記録の提供等による被害の発生を未然に防止するために必要な事項に関する国民の十分な理解と関心を深めるために必要な教育活動及び啓発活動の充実を図るものとする。

附　則

（施行期日）

第一条　この法律は、公布の日から施行する。ただし、第三条の規定は公布の日から起算して二十日を経過した日から、第四条の規定は公布の日から起算して一月を経過した日から施行する。

（被害回復及び処罰の確保に資する国際協力の在り方等に関する検討）

第二条　政府は、インターネットを利用した私事性的画像記録の提供等に係る被害回復及び処罰の確保に資するため、この法律の施行後二年以内に、外国のサーバーを経由するなどした私事性的画像記録の提供に関する行為者の把握及び証拠の保全等を迅速に行うための国際協力の在り方について検討するとともに、関係事業者における通信履歴等の保存の在り方について検討を加え、その結果に基づいて必要な措置を講ずるものとする。

（検討）

第三条　この法律の規定については、この法律の施行後三年を目途として、この法律の施行状況等を勘案し、検討が加えられ、その結果に基づいて必要な措置が講ぜられるものとする。

プロバイダへの削除要求・開示請求

リベンジポルノの被害にあっても、警察に訴えて加害者を罪に問うことまでは望まないかもしれない。そのような場合は個人で、プロバイダ事業者などに画像の削除を要求したり、画像の発信者を明らかにするよう求めたりする方法もある。

拠り所となる法律は、「特定電気通信役務提供者の損害賠償責任の制限及び発信者情報の開示に関する法律」（以下、「プロバイダ責任制限法」という。**資料3－4参照**）。２００１年に成立したこの法律は、プロバイダ事業者やサーバーの運営者、サイト管理者に対し、被害者からの要請に応じて画像などを削除したとしても、発信者からの損害賠償の責任は負わなくてよいとするものだ。また被害者が、画像などの発信者に関する情報について、プロバイダ事業者などに開示請求ができることも規定している。

リベンジポルノのケースで、まず、画像の削除を要求したい時はどうすればいいのか。被害者側（被害者本人かその代理人、もしくは遺族）はプロバイダ事業者などに対し、問題の画像の送信防止措置を申し立てることになる。申立ては書面か電子メール、あるいは代理人を通して行う。書式についてはネット上の「プロバイダ責任制限法関連情報Webサイト」に掲載された、送信防止措置手続き用の「名誉毀損・プライバシー関係書式」が参考になる（http://www.isplaw.jp/p_form.pdf）。個人で申し立てるのであれば、費用は特にかからない。

申し立てる際に被害者側が示すべき情報としては、一般社団法人「テレコムサービス協会」がリベンジポルノ防止法に基づき、**「プロバイダ責任制限法名誉毀損・プライバシー関係ガイドライン（第3版補訂版）」（http://www.telesa.or.jp/consortium/provider/pdf/provider_mguideline_20141226.pdf）**において、次のように定める。

①申立者が撮影対象者であること（画像の対照などにより確認する）
②名誉などを侵害したとする情報（私事性的画像侵害情報）
③名誉などが侵害されたこと
④名誉などが侵害されたとする理由
⑤私事性的画像侵害情報が私事性的画像記録に係るものであること

申立てを受けたプロバイダ事業者などは、画像の発信者に対し、送信防止措置を講じるよう要請があったことと、申立者から提供された侵害情報などを通知する。その上で、送信防止措置を講じることに同意するか否かを、発信者に問い合わせることが出来る。

なお、申立者の氏名などは、申立者が同意しない限り、発信者には知らされない。

この通知が到達した後、発信者が2日以内にプロバイダ事業者などに対し所定の方法で反論をしない限り、画像の削除などの送信防止措置が行われる。反論があった場合でも、被害者側の申立て内容が「他人の権利が不当に侵害されていると信じるに足りる相当の理由があったとき」（プロバイダ責任制限法第3条第2項第1号）に該当することを、プロバイダ事業者などが確認できれば、削除することが出来るとされる。

このように削除の仕組みは整ったが、もし自分の性的な画像が膨大な数のサイトに拡散されていれば、削除要求には当然、相当な時間と手間がかかることになる。

一方、リベンジポルノの画像を発信した者がどこの誰なのかを突き止めたい時は、どうすればいいのか。この手続きは「発信者情報の開示請求」と呼ばれる。

発信者の個人情報は、その発信者がネットに接続するために使用するプロバイダ事業者が保有している可能性が高い。だが、発信者がどこのプロバイダ事業者を使用しているかは、発信内容からはわからない。これを知るには、発信者の「ＩＰアドレス」（ネットに接続するパソコンやスマホといった機器の識別番号）を入手する必要がある。ＩＰアドレスは、画像が掲載された掲示板などのサイト運営者が保有している。このため発信者情報の開示請求手続きは、まずサイト運営者に対して、次にプロバイダ事業者に対してと、2段階に分かれる。

それぞれの手続きは、被害者側（被害者本人かその代理人。遺族は含まれない）が、原則として書面で行う。書式については、ネット上の「プロバイダ責任制限法関連情報Ｗｅｂサイト」に掲載された、発信者情報開示請求用のものが参考になる（http://www.isplaw.jp/d_form.pdf）。

第1段階では、サイト運営者に対して発信者情報の開示請求を行う。ここで得られるのは、一般的に、通信履歴（ログ）に基づいた発信者のＩＰアドレスと、携帯電話端末等の利用者識別符号、ＳＩＭカード識別番号、サーバーに画像が送信された年月日・時刻を示す「タイムスタンプ」などだ。

このＩＰアドレスをもとに、画像の発信に使用されたプロバイダを特定する。検索サイト『IP SEARCH』（http://www.ipsearch.jp/ip/25.html）などで、ＩＰアドレスからプロバイダを検索出来る。

ただ、ログの保存期間はサイト運営者によってまちまちであるため、被害に長期間気付かないままでいると手遅れになる場合がある。

第2段階では、先の手順で明らかになったプロバイダ事業者に対し、新たに発信者情報の開示請求を行うことになる。請求を受けたプロバイダ事業者は、被害内容を確認後、発信者に対して、情報の開示に同意するかどうかを問い合わせる。請求者が個人の場合、その氏名などを発信者には知らせないよう、プロバイダ事業者に求めることが可能だ。

発信者の同意を得て開示される情報の範囲は、次のように定められている。

1. 発信者の氏名または名称
2. 発信者の住所
3. 発信者の電子メールアドレス
4. 発信者が侵害情報を流通させた際の、当該発信者のＩＰアドレス
5. 侵害情報に係る携帯電話端末等からのインターネット接続サービス利用者識別符号
6. 侵害情報に係るＳＩＭカード識別番号のうち、携帯電話端末等からのインターネット接続サービスにより送信されたもの
7. 4ないし6から侵害情報が送信された年月日および時刻（タイムスタンプ）

発信者から開示に同意しない旨の回答を得た場合、または2週間が経過しても回答のない場合には、プロバイダ事業者は、請求者の被害内容などに基づき、発信者情報を開示するかどうかを自身で検討することとなる。

なお、開示を請求すること自体に特段の費用はかからない。だが、サイト運営者やプロバイダ事業者がなかなか開示に応じなかったり、発信が複数のプロバイダ、あるいは海外のプロバイダを経由していたりすると手続きが煩雑になり、弁護士に依頼する必要なども出てくる可能性がある。

【資料3－4】

特定電気通信役務提供者の損害賠償責任の制限及び発信者情報の開示に関する法律（「プロバイダ責任制限法」。平成十三年十一月三十日法律第百三十七号（最終改正：平成二十五年四月二十六日法律第十号））

（趣旨）

第一条　この法律は、特定電気通信による情報の流通によって権利の侵害があった場合について、特定電気通信役務提供者の損害賠償責任の制限及び発信者情報の開示を請求する権利につき定めるものとする。

（定義）

第二条　この法律において、次の各号に掲げる用語の意義は、当該各号に定めるところによる。

一　特定電気通信　不特定の者によって受信されることを目的とする電気通信（電気通信事業法（昭和五十九年法律第八十六号）第二条第一号に規定する電気通信をいう。以下この号において同じ。）の送信（公衆によって直接受信されることを目的とする電気通信の送信を除く。）をいう。

二　特定電気通信設備　特定電気通信の用に供される電気通信設備（電気通信事業法第二条第二号に規

定する電気通信設備をいう。）をいう。

三　特定電気通信役務提供者　特定電気通信設備を用いて他人の通信を媒介し、その他特定電気通信設備を他人の通信の用に供する者をいう。

四　発信者　特定電気通信役務提供者の用いる特定電気通信設備の記録媒体（当該記録媒体に記録された情報が不特定の者に送信されるものに限る。）に情報を記録し、又は当該特定電気通信設備の送信装置（当該送信装置に入力された情報が不特定の者に送信されるものに限る。）に情報を入力した者をいう。

（損害賠償責任の制限）

第三条　特定電気通信による情報の流通により他人の権利が侵害されたときは、当該特定電気通信の用に供される特定電気通信設備を用いる特定電気通信役務提供者（以下この項において「関係役務提供者」という。）は、これによって生じた損害については、権利を侵害した情報の不特定の者に対する送信を防止する措置を講ずることが技術的に可能な場合であって、次の各号のいずれかに該当するときでなければ、賠償の責めに任じない。ただし、当該関係役務提供者が当該権利を侵害した情報の発信者である場合は、この限りでない。

一　当該関係役務提供者が当該特定電気通信による情報の流通によって他人の権利が侵害されていることを知っていたとき。

二　当該関係役務提供者が、当該特定電気通信による情報の流通を知っていた場合であって、当該特定電気通信による情報の流通によって他人の権利が侵害されていることを知ることができたと認めるに足りる相当の理由があるとき。

2　特定電気通信役務提供者は、特定電気通信による情報の送信を防止する措置を講じた場合において、当該措置により送信を防止された情報の発信者に生じた損害については、当該措置が当該情報の不特定の者に対する送信を防止するために必要な限度において行われたものである場合であって、次の各号のいずれかに該当するときは、賠償の責めに任じない。

一　当該特定電気通信役務提供者が当該特定電気通信による情報の流通によって他人の権利が不当に侵害されていると信じるに足りる相当の理由があったとき。

二　特定電気通信による情報の流通によって自己の権利を侵害されたとする者から、当該権利を侵害したとする情報（以下この号及び第四条において「侵害情報」という。）、侵害されたとする権利及び権利が侵害されたとする理由（以下この号において「侵害情報等」という。）を示して当該特定電気通信役務提供者に対し侵害情報の送信を防止する措置（以下この号において「送信防止措置」という。）を講ずるよう申出があった場合に、当該特定電気通信役務提供者が、当該侵害情報の発信者に対し当該侵害情報等を示して当該送信防止措置を講ずることに同意するかどうかを照会した場合において、当該発信者が当該照会を受けた日から七日を経過しても当該発信者から当該送信防止措置を講ずることに同意しない旨の申出がなかったとき。

（公職の候補者等に係る特例）

第三条の二　前条第二項の場合のほか、特定電気通信役務提供者は、特定電気通信による情報（選挙運動の期間中に頒布された文書図画に係る情報に限る。以下この条において同じ。）の送信を防止する措置を講じた場合において、当該措置により送信を防止された情報の発信者に生じた損害については、当該措置が当該情報の不特定の者に対する送信を防止するために必要な限度において行われたものである場合であって、次の各号のいずれかに該当するときは、賠償の責めに任じない。

一　特定電気通信による情報であって、選挙運動のために使用し、又は当選を得させないための活動に使用する文書図画（以下「特定文書図画」という。）に係るものの流通によって自己の名誉を侵害されたとする公職の候補者等（公職の候補者又は候補者届出政党（公職選挙法（昭和二十五年法律第百号）第八十六条第一項又は第八項の規定による届出をした政党その他の政治団体をいう。）若しくは衆議院名簿届出政党等（同法第八十六条の二第一項の規定による届出をした政党その他の政治団体をいう。）若しくは参議院名簿届出政党等（同法第八十六条の三第一項の規定による届出をした政党その他の政治団体をいう。）をいう。以下同じ。）から、当該名誉を侵害したとする情報（以下「名誉侵害情報」という。）、名誉が侵害された旨、名誉が侵害されたとする理由及び当該名誉侵害情報が特定文書図画に係るものである旨（以下「名誉侵害情報等」という。）を示して当該特定電気通信役務提供者に対し名誉侵害情報の送信を防止する措置（以下「名誉侵害情報送信防止措置」という。）を講ずるよう申出があった場合に、当該特定電気通信役務提供者が、当該名誉侵害情報の発信者に対し当該名誉侵害情報等を示して当該名誉侵害情報送信防止措置を講ずることに同意するかどうかを照会した場合において、当該発信者が当該照会を受けた日から二日を経過しても当該発信者から当該名誉侵害情報送信防止措置を講ずることに同意しない旨の申出がなかったとき。

二　特定電気通信による情報であって、特定文書図画に係るものの流通によって自己の名誉を侵害されたとする公職の候補者等から、名誉侵害情報等及び名誉侵害情報の発信者の電子メールアドレス等（公職選挙法第百四十二条の三第三項に規定する電子メールアドレス等をいう。以下同じ。）が同項又は同法第百四十二条の五第一項の規定に違反して表示されていない旨を示して当該特定電気通信役務提供者に対し名誉侵害情報送信防止措置を講ずるよう申出があった場合であって、当該情報の発信者の電子メールアドレス等が当該情報に係る特定電気通信の受信をする者が使用する通信端末機器（入出力装置を含む。）の映像面に正しく表示されていないとき。

（発信者情報の開示請求等）

第四条　特定電気通信による情報の流通によって自己の権利を侵害されたとする者は、次の各号のいずれにも該当するときに限り、当該特定電気通信の用に供される特定電気通信設備を用いる特定電気通信役務提供者（以下「開示関係役務提供者」という。）に対し、当該開示関係役務提供者が保有する当該権利の侵害に係る発信者情報（氏名、住所その他の侵害情報の発信者の特定に資する情報であって総務省令で定めるものをいう。以下同じ。）の開示を請求することができる。

一　侵害情報の流通によって当該開示の請求をする者の権利が侵害されたことが明らかであるとき。

二　当該発信者情報が当該開示の請求をする者の損害賠償請求権の行使のために必要である場合その他発信者情報の開示を受けるべき正当な理由があるとき。

2　開示関係役務提供者は、前項の規定による開示の請求を受けたときは、当該開示の請求に係る侵害情報の発信者と連絡することができない場合その他特別の事情がある場合を除き、開示するかどうかについて当該発信者の意見を聴かなければならない。

3　第一項の規定により発信者情報の開示を受けた者は、当該発信者情報をみだりに用いて、不当に当該発信者の名誉又は生活の平穏を害する行為をしてはならない。

4　開示関係役務提供者は、第一項の規定による開示の請求に応じないことにより当該開示の請求をした者に生じた損害については、故意又は重大な過失がある場合でなければ、賠償の責めに任じない。ただし、当該開示関係役務提供者が当該開示の請求に係る侵害情報の発信者である場合は、この限りでない。

附　則

この法律は、公布の日から起算して六月を超えない範囲内において政令で定める日から施行する。

附　則（平成二十五年四月二十六日法律第十号）抄

（施行期日）

第一条　この法律は、公布の日から起算して一月を経過した日から施行する。

拡散先が特定出来なければ対応は困難

仁藤さんは、「リベンジポルノ防止法が作られたのには意味がある」と評価する。

「画像をさらされても、『自分のせいじゃない』って思えない子が多いんです。自分も悪かったって思っちゃうから、泣き寝入りする。だけど、本当に悪いのは何なのかっていうのをハッキリさせないといけない。子どもの視点からすれば、関係性があるなかでの撮る、撮らせるっていうのは、悪いとか悪くないとかの問題じゃないと思うんですよ。それをさらすっていうのが問題。そういう行為が『犯罪だよ』っていうのを、この法律があるから言えるようになるといいですね」

だが、この法律で定める罪が親告罪であると聞くと、仁藤さんの反応は一変した。

「親告罪なんですか。あ、じゃあ無理だ、使えないな。告訴出来ません、まず気付けません。リベンジポルノの怖いところは、どこに流されているか気付かないところなのに。知らないところで、見えないサイトで、例えばお金を払った人だけが見られる会員制サイトで、自分のセックス中の動画を流されたりしているとかだと気付けないし。自分の目に触れていないと告訴できないじゃないですか、そもそも。それがすごく問題です」

被害者の手元にも同じ画像があれば、「Google画像検索」などのサイトで、ネット上に公開されている類似画像を検索することは可能だ。だが、恋愛関係で撮影された画像でも、性産業の場で撮影された画像でも、それをネットなどに拡散したことを、いちいち被害者に教えない加害者もいるだろう。すると、たとえ自分の性的にあらわな姿が大勢の人にさらされていようと、被害者は気付けない。気付けなければ、告訴のしようもない。どこかのサイトで拡散されているらしいと薄々わかっても、それが会員制などの非公開型サイトであれば特定出来ず、不安は募る一方なのに証拠を押さえられない。

「親告罪なら、『これが私の画像です』って証明しなきゃいけないってことですよね。現実的じゃないですよ。無理矢理撮影された人で、自分の画像が表に出ているのに気付けた人は、この法律を使えると思うけど、若い子に広まっているような普通の裸画像には使えないと思います」

告訴するという行為も、特に未成年には、負担になると思われる。告訴自体は未成年でも行うことが可能で、書面（告訴状）を自分で作成して郵送すればよく、費用も特にかからない。だが、告訴が受理されると、事情聴取を受けに捜査機関を訪れたり、捜査機関から保護者に連絡がいったりする可能性もある。

「高校生の場合は、被害を言いに行く勇気もない、交通費もない。一緒に行ってくれる人もいない、親にもバレたくない。だって、お父さんにこの写真見られたら無理じゃないですか。言えないですね。親告罪なら無理だなあ」

では、どのような法律であれば、現実的に被害者が使いやすいのか。

「匿名での通報でも警察が動いたり、違反画像を見つけて、加害者を捕まえたり出来るようにしてほしいです」

被害者としては、自分の名前が警察などに知られると、親に連絡されるかもしれないという懸念がある。被害者が匿名で、問題となる画像と被害内容だけを伝えれば、後は警察の側で画像の削除や加害者の処罰に動いてほしい、と願うのももっともだ。あるいは、被害者が嫌がったら、警察は親には連絡しない、というシステムを作ることが求められる。

リベンジポルノが性犯罪と同様に親告罪とされたのは、性的な要素が絡むことから、裁判などで事件が明るみに出ると、被害者が負担を感じると見なされたためと思われる。だが、リベンジポルノの場合は被害者本人が被害に気付きにくい、という特徴があるため、この点をカバーする仕組みが必要だ。

ＳＮＳの2大巨頭であるTwitter社とFacebook社は、２０１５年3月にそれぞれ、リベンジポルノに該当する画像や動画の投稿を明確に禁じた。

Twitter社は「ツイッターのルールとポリシー」を改定し、「撮影されている人物の同意なく撮影または配布された、私的な画像や動画を投稿することを禁じます」との文言を追加。違反したユーザーに対しては、アカウントを停止させることがあるという。

Facebook社は利用規約の「コミュニティ規定」を更新し、報告・削除の対象となる投稿の具体例として、「報復目的で共有された画像や、写っている人物の許可なく共有された画像」と明記した。

いずれも、違反した投稿については、サイト内の報告用フォームを使い、運営業者に直接連絡することが出来る。プロバイダ責任制限法に基づいた書式を利用して報告するよりも手軽だろう。被害者本人だけでなく、違反投稿に気付いた第三者も報告が可能だ。さらにYahoo社やGoogle社も、リベンジポルノについて、申立てがあれば検索結果から削除する取り組みを始めた。だが、やはり誰かが「これはリベンジポルノだ」と気付かなければ、対処に結び付かない。

仮に警察がサイバーパトロール（ネット上の巡回）によって、リベンジポルノの疑いがある画像を見つけても、写っている被害者がどこの誰なのかがわからなければ、告訴を促すことも出来ない。親告罪とすることが果たして妥当なのか、再考する余地はあろう。

「まあ、この法律を作ったところで、リベンジポルノはなくならないでしょうね。例えば元カノの写真をＬＩＮＥのグループで回すなんていうことは、警察も気付かないし。本人も、気付かなければ告訴出来ないし。でもそのグループで回されたことによって、１００人がその画像を持っていたとしたら、またどこかに流すかもしれないし。気付かないっていうのが、本当は一番怖いんですよね」

こうなるともはや、ネット上に性的な画像を掲載する者には、「リベンジポルノではないことの証明」を求めるしかないのではないか。アダルトサイトであろうとＬＩＮＥであろうと、そこに掲載される性的な画像や動画（リベンジポルノ防止法の定義に沿うもの）については、「第三者に見られることを認識した上で撮影を許可した」とする撮影対象者の同意書を、運営者側に届け出るよう義務付けるのである。サイト運営者やＳＮＳ事業者は、同意書の届け出のない画像や動画については投稿をブロックしたり、速やかに削除したり出来るようにしてはどうだろうか。ネット上では誰もが容易に性的な表現物を公開し放題、という現状に切り込むことが必要だ。

なお、リベンジポルノ防止法やプロバイダ責任制限法に基づく画像の削除や加害者の処罰は、問題の画像や動画が既にネットに拡散されたか、他人の手に渡った後に対応する、いわば善後策だ。しかし、これまで見てきたように、自分の性的な画像や動画が相手の手元にある段階で、それをネタに脅されることへの恐怖を抱えている被害者も多い。

警察庁は、「お前の裸の画像を持っている」、「ネットにバラまかれたくなければ言うことを聞け」などと脅された場合について、「まだ性的画像が公表されていなくても、性的画像について不安にさせるような言動があった場合には、1人で悩まずに、すぐに警察等に相談して」と呼びかけている。脅迫や強要などの罪で検挙出来る可能性があるためだ。

2015年1月、東京都内の飲食店従業員の男（39歳）が、元交際相手の女性に対する脅迫容疑で逮捕された。別れ話を切り出した女性の留守番電話に、「会ってくれないと、裸の画像を実名入りでネットに流します」などとメッセージを残して、脅した疑いが持たれている。

また同時期、リベンジポルノをほのめかし、不倫相手の女性に関係を続けるように迫ったとして、特殊法人に勤務する男（58歳）が強要未遂の疑いで逮捕された。女性に別れ話を持ち掛けられたことから、女性との性交渉の様子が映った携帯電話の動画を示し「関係を続けよう」と要求したり、「過去がリークされたら困るよね」と書いたメールを送ったりしたとされる。

実際に自分が、性的な画像や動画をネタに脅されていると感じたら、警察に相談する際の証拠として、相手から送られて来たメールやＬＩＮＥのメッセージ、電話の着信履歴などを保存しておくようにしよう。

3 被害にあわないために出来ることはあるのか

知らない人には撮らせない

リベンジポルノの被害にあわないために、出来ることは何だろう。「撮らせるな」という対策が現実的ではないことは、これまで見てきたとおりだ。若者の恋愛関係において、性的な画像や動画を撮影するという行為は日常的なコミュニケーションの一環であり、共有する時間を盛り上げるためのノリや、親密度を深めるための効果的な手段として、ごく気軽に行われる。信頼関係に基づく自己開示、という意味合いもある。

とはいえ、恋愛関係でない場合は別だと、仁藤さんは言う。

「結局彼氏とかは、『撮らないで』と言っても、撮るとは思うんですよ。でも少なくとも、知らない人や信頼出来ない人には写真を撮らせない、というのが大事だと思います」

知らない人に自分の性的な画像や動画を撮影させる場としては、前述のJK撮影会が代表的だ。女子高生に制服や体操服、水着などの衣装を着させ、個室で客に撮影させるサービスである。多数の客に自分の画像や動画を撮らせるため、それらがネットに拡散されたとしても、誰の仕業なのかがわかりづらい。

「JK撮影会を主催する店側も、担当者が1人だけで予約の連絡もスマホでやっている、みたいな感じで、対応がしっかりしていないところもある。そもそも、客の連絡先なんて聞いていないことも多い」、と仁藤さん。

どこの誰だかわからない客に性的な画像などをバラまかれるリスクを考慮すると、撮影対象者である少女たちを保護する必要性は極めて高い。撮影会を主催する店側に対しては、客の身分証をコピーすることや、画像を流出させない誓約書を提出させることにより顧客管理を徹底するよう、義務付けるべきだろう。

JK撮影会で積極的に働く女子高生には、「アイドルになりたい」と望む者が増えている。10代の普通っぽい少女が多数加入するアイドルグループが、テレビなどでもてはやされるのを目にし、「私でも出来るかも」と考えるのだ。店側も、撮影会に参加する女子高生を募集するサイトで「アイドルやタレントを目指している子歓迎！」などとうたい、撮影会があたかも「アイドルへのステップ」であるかのように宣伝している。

少女たちは、「この店のスタッフの言う通りにすれば、アイドルにしてもらえる」と店側に全面的な信頼を置き、指示されるままに、客へ向けて過激なポーズを取るかもしれない。だが、いざ画像流出などの被害にあった時、店側が対処する可能性は低いという。

「店の人に相談したところでしょうがないですよ。そこまで女の子のために動かないので」

店側にとって、撮影会はあくまで集客のためのビジネスに過ぎない。少女が何らかのトラブルに巻き込まれたとしても、その解決に、わざわざ手間やコストを割く気はないと思われる。撮影会をアイドルへの足がかりにしようとする少女たちは、夢を追う一方で、何かあっても店側が守ってくれるわけではない現実を、自覚しておいたほうがいいだろう。

知らない人に自分の性的な画像や動画を提供する場として、より身近なのはネットだ。LINEなどのSNSで知り合った相手と連絡を取り合ううち、求められるままに、自ら撮影した自分の下着姿や裸の画像を送ってしまうケースは多い。

警察庁の統計（2015年）によれば、2014年に全国の警察が摘発した児童ポルノ事件は1828件に上り、被害を受けたと特定した18歳未満の子どもは746人で、いずれも過去最多となった。被害者の半数強が、ネット上で加害者と知り合っている。小学生以下の被害者が全体の約2割を占め、そのうち、自分で裸を撮影してメールで送る「自画撮り」をした子どもが22人いた。

女子小学生が、ゲームのアプリを通じて知り合った男から裸の画像を送るように要求され、通信機能付き携帯音楽プレーヤーのカメラで自分で撮影した裸の画像を、画像交換アプリに送信させられた事例などが紹介されている。

本書でも見てきたように、被害者たちは、ネットで知り合った相手と何度もメールをやり取りする中で恋愛感情が芽生えたり、「嫌われたくない」とのプレッシャーを感じたりして、過激な画像を送ってしまう。目の前に相手がいないと、自分の性的な画像を見せるという事態の重みに実感が湧かず、軽い気持ちで送信ボタンを押すかもしれない。

だが、知り合いといっても文字や画像などをやり取りするだけの表面的な関係なので、精神的な絆はもろく、関係が壊れるのも早い。加害者も被害者とは対面していないだけに、受け取った画像を悪用する時、良心の呵責に苛まれることは少ないだろう。ネット上の付き合いでは、画像を送る側のハードルは低いが、裏切る側のハードルもまた低いのである。

では、ネットで知り合った相手からリベンジポルノの被害にあわないためには、どうすればいいのか。

これについては、ネット上で声をかけてくる者を簡単に信じないに限る。たとえ自分と同じ14歳の中学生だという少女から連絡が来たとしても、本当に本人なのか、まず疑ってみることだ。SNSなどでは、利用者は自分の姿を相手に見られないだけに、顔写真に他人のものを使ったり、名前も年齢も学校名も性別も嘘を書いたりと、いくらでも自分のプロフィールをごまかすことが可能だからだ。

SNSなどのコミュニティサイトを介して子どもが被害にあった事件を分析した警察庁の調査（2014年上半期。図表3－5）によれば、プロフィールを詐称した加害者は3割以上に達する。詐称内容としては、年齢を詐称した割合が約8割を占め、そのうち約3割は職業か性別、あるいは両方とも詐称していた。40代の男が男子高校生になりすまし、小学生の女児に裸の画像を自分で撮影させた事件などがある。

このように別人になりすました加害者が、子どもに近づくテクニックも知っておこう。

「加害者はメールがすごく上手。優しくて、その子が喜びそうなことをマメに言う。時間をかけて『信頼』を築く。誰でも被害者になり得るが、家や学校で受け入れられなかったり、自

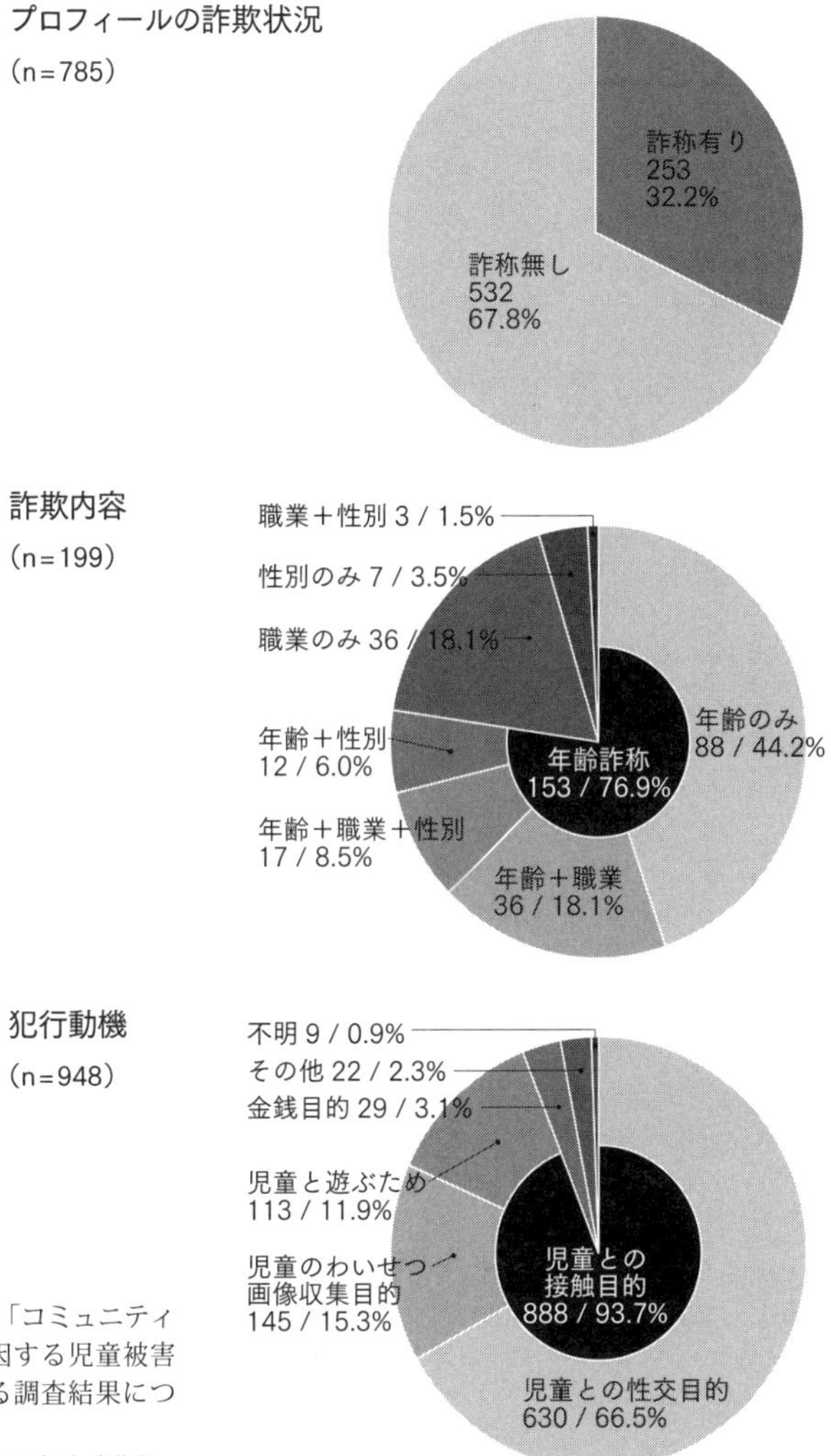

【図表3－5】「コミュニティサイトに起因する児童被害の事犯に係る調査結果について」
(警察庁、2014年上半期)

分らしくいられる場所がなかったりする子たちは特に狙われやすい」

ライトハウスの藤原さんはそう語っていた。誰かに認められたい、必要とされたいという子どもの心理を加害者は熟知し、付け入ろうとする。

だが、そこまでして子どもと知り合おうとする加害者の目的は、本気で相手と恋愛したいためなどでは決してない。警察庁の同調査によれば、加害者がコミュニティサイトで子どもを物色した動機として最も多いのは「児童との性交目的」で、7割近くにも上る。「児童のわいせつ画像収集目的」も約15％を占めている。

ネット上で知り合う相手は、どのような下心を持っているかわからない。身元もはっきりしないので、もし自分の性的な画像を送って悪用されたとしても、追及することが難しくなる。捜査機関への告訴は、加害者が不詳でも行うことは出来るが、悪用されたことに気付かなければ手の打ちようがない。

本来、相手の下着姿や裸の画像というものは、きちんと交際を始め、関係を深めた後に、送付をお願いするのが礼儀だ。相手を1人の人間として尊重する気があるならば、自分が相手を単なる性的対象と見なしていると誤解されないよう、振る舞うはずである。そうではなく、性急に画像の送付を求めてくるような人物は、まず怪しいと考えよう。

デートDV対策の考え方を活用する

相手のことをよく知っている恋愛関係においても、自分は乗り気ではないのに、交際相手から性的な撮影を強要されるケースがある。画像を入手した相手は、それをリベンジポルノに悪用するかもしれない。自分の意思に反するにもかかわらず、なぜ撮影を断れないのだろうか。

恋愛関係での断りにくさの裏にはデートDVがある、とエンパワメントかながわの阿部さんは指摘する。デートDVでは、本来は対等であるはずの力関係がアンバランスになり、相手のことを「怖い」と思って、逆らえなくなる。

「『性的な画像を送って』、と彼氏に言われて送ったケースでは、デートDVの構造ということがなかなか周りに理解されない。送ったって言うと、『なんで送っちゃったの』というのが周りの大人の見方。そこで『送ってしまった』っていう言い方をすると、被害者はもう、絶対に話せないですよね。送らざるを得ない状況になっていた、ということがあるんです。決して殴られたということまではなくても、色んな意味での支配っていう関係があって、コントロールされている。そこまでもなくても、被害者は『断ったら嫌われる』ぐらいの感じだったり、『ノリが悪いと思われたくない』というのもあったりするかもしれない。段階は色々あると思う。初めから裸の写真を送れと言うわけでは決してなくて、だんだんと要求がエスカレートしていきます」

デートDVの関係性の下では、性的な画像の撮影について、彼女側が自発的に合意したかどうかの判断は非常に難しいという。

「『嫌だって言わなかったよな』って彼氏が言うのが、合意なのかどうか。嫌だと言えない状況があったのかもしれないですよね。『嫌だって言わなかったからセックスした』と加害者は言うけれど、被害者は本当は嫌だったっていう、性暴力と同じ構造だと思います、『嫌だって言わなかったから裸の画像を撮った』っていうのは。そういう被害を訴える声が、電話相談に届いています」

被害者の保護者からも、相談が寄せられることがある。保護者の多くは、娘が性的な画像を彼氏に送ったことを知り、強いショックを受けがちだ。

「なんでこんなことをしちゃったんですか、うちの子は。うちの子、ふしだらですか」

「私の育て方が悪かったんでしょうか、こんな子じゃなかったのに」

などと訴えてくる。

「いや、決してふしだらなわけではありません。娘さんが悪いわけでもありません。送ったことが悪いわけではない。それは、そういう状況があって、送ったということなんです」

そう、阿部さんは伝えている。

エンパワメントかながわはデートDVに限らず、身近なあらゆる暴力をなくしていきたいと、活動をしている。デートDV、虐待、いじめといった様々な暴力は、単に個人の問題ではなく、社会的に連鎖する問題と考えるからだ。

「デートDVの関係性のまま結婚していけばDVになるし、そこで生まれた子には虐待が行われるし、虐待された子はまた学校で誰かをいじめるし。暴力はみんな、つながっているんです。だから、家庭での貧困も関係があるかもしれないし、そこからまた虐待という暴力が生まれるし。心の拠り所がない、あるいはそれまでにも暴力的なものをいっぱい見てきた子が、学校を中退になってデートDVをしていく。DV関係のまま、彼女の方は予期せぬ妊娠をして、また若年出産をして、一人親家庭になり貧困になる。で、またそういう中で同じことが起きていく。全てはつながっていると思うので、リベンジポルノだけをなくせばいいわけでもないし、デートDVだけをなくせばいいわけでもありません」

暴力の連鎖を食い止めようと、エンパワメントかながわは人権啓発のためのワークショップを、生徒や教職員、保護者向けに行っている。その1つが、「デートDV予防ワークショップ」だ。2004年にスタートしたこのワークショップは、人と人とが暴力のない対等な関係であるために、お互いの気持ちを尊重しあえるためのコミュニケーションを考えていくのが目的だ。早速、現場を訪ねた。

2014年12月、神奈川県内の定時制高校のクラス。15歳から20歳までの女子と男子計40人が、教室に入ってきた。昼間は働いている生徒や、不登校になった生徒のほか、ベトナムやフィリピンといった外国につながる生徒も1割を占める。みな席に着いても、ガヤガヤと騒がしい。

この学校でデートDV予防ワークショップが開催されるのは、今年で6年目だ。総合学習の時間を使って受け入れを担当する大野彰教諭は、その狙いを次のように語る。

「生徒の大半は、家庭や学校や地域の大人たちから大切にされず、厳しい環境で育ってきています。予期せぬ妊娠や出産も、日常的に起きています。コミュニケーション力が低く、トラブルに巻き込まれる子が多くて。このワークショップで人権を学ぶことで、自分は大切な存在なんだと気付いていてほしいんです」

ワークショップは2回に分けて行われ、それぞれ1時間。1回目の今日は、暴力や人権について、生徒たちに考えてもらう。阿部さんを始めとするエンパワメントかながわのスタッフ3人が前に立ち、「暴力ってどんなことだと思う?」と問いかけを始めた。

「殴る」「バカ、チビ、間抜けとか言うのも言葉の暴力」

相変わらず騒々しい教室で、生徒たちから答えがポンポン出てくる。

「殴ったり蹴ったりすることだけが暴力じゃないよね。無視のように、言葉をかけない暴力もあるよ。セクシャル・ハラスメント(セクハラ)やレイプは性暴力だね。仲間同士のいじめ、親から子への虐待、夫婦の間のDVも。暴力っていっぱいあるよね」

そう語るスタッフは、暴力をなくすために大事なものとして「人権」と大きくホワイトボードに書いた。

「人権は、全ての人が持っている基本的な権利です。暴力を受けずに生きていく権利も、みんなにあります。だから、自分で自分を大切にしていいんだよ」

阿部さんは、「暴力はいけない」「やっちゃいけない」とは言わないという。

「『暴力を受けていい人はいない』っていう、人権を伝えることをやっています。暴力に対抗する力は、人権だと思います。私たちが言いたいのは『あなたは大切だよ』っていうことだけなんですね。自分を大切に出来たら、相手も大切に出来ますから」

自分を大切にするというのは、これまで周りから大切にされてこなかった子どもにとっては、なかなか大変ではないだろうか。

「『していいんだよ』って言います。『大切にしていいんだよ』っていう言い方が、私たちのやりたいことですね。『暴力を受けてはいけません』ではなくて、『暴力を受けてもいい人はいない』と言う。『○○してもいい』っていう言い方が、人権の伝え方です。『自分を大切にしなさい』と言ったら、それが出来ていない人はすごく辛いんですよ。だから『してもいいんだよ』と。『あなたは自分を大切にしてもいい存在なんだよ』という言い方が、人権の伝え方。『あなたは悪くない』っていうのが人権です。リベンジポルノの場合でも、たとえ断れずに画像を送ったとしても、『あなたは悪くない』、ということです」

阿部さんから見ると、いまの世の中には、子どもが自分を大切に出来なくなるメッセージがあふれているという。

「『大切にしていいよ』と言ってくれる人がいなくて、『こうしなきゃダメなんだよ』『こうしなきゃこうなっちゃうんだよ』『こうしてはいけません』『こうしなさい』といったメッセージだけでは、自分を大切に出来ません。『だからダメだって言ったじゃない』とか。こういう言葉しかないような気がしませんか。私たちのワークショップの中では、そういう言葉を使う人はいません。私たちは『こうしてもいいんだよ』『あ、これが出来たね、すごいね』と言う。これがエンパワメントなんです。『あなたはすごいね』『あなたの力を引き出すよ』というのが」

そう語る阿部さんがワークショップの間中、生徒が何かを発言するたびに、「答えてくれてありがとう」とほほ笑むのが印象的だった。

スタッフは生徒たちに、ある質問を投げかける。

「恋人があなたの携帯をこっそり見ているようです。どんな気持ちになる？」

「怖い」「死にたくなる」「ぶっ殺す」「悲しくなる」「怒る」

口々に声が上がった。

「それは、自分が大切にされていないと思うからだよね。でも、恋人同士の間だと、自分の気持ちがわからなくなることがあるよ」とスタッフ。生徒たちは、いつの間にか静かになり、話に聞き入っている。

自分の気持ちがわからなくなってしまう例として、スタッフたちは寸劇を始めた。登場人物は交際中のA男（20歳）とA子（高校2年生）、A子の友人のB子（高校2年生）だ。

A子とB子は放課後、久しぶりにカラオケに行こうとしていた。そこにA男がやってきた。

A男「お前のために映画のチケットを予約してやってたんだ。今から行こうぜ」
A子「え、でも……。カラオケに行こうって、ずっと前からB子と約束していたんだよ」
A男「なんだよ、せっかく俺が来たんだぞ」
B子「いいよA子、映画に行きなよ。愛されちゃってうらやまし〜い」
しぶしぶA子は、A男についていくことに。A男はなおもA子を責め立てる。
A男「なんですぐに来ないんだ。ホントにバカだなお前は。嫌なら別れたっていいんだぞ」
A子「私のために来てくれたんだよね、ごめんね」
A男「わかればいいんだよ」
ようやくA男が優しくなり、劇は終わる。
スタッフは、「A男とA子の気持ちを想像してみよう」と呼びかけた。生徒たちはまず、A男がどんな気持ちだったのかを考えた。
「映画が見たい」「自分の言うことをきく人が欲しい」「彼女は自分だけのもの」「彼女を思いどおりにしたい」「辛い」「彼女は彼氏を優先するのが当たり前だ」「年上の俺が言うことは正しい」……。
次に、A子の気持ちを考える。

「友達に申し訳ない」「怖いな」「混乱する」「私のことも考えてほしい」「私の話を聞いてほしい」「別に頼んでないのに」「彼は自分勝手すぎる」「彼と友達、どっちも大事」……。

次々に出てくる意見を全て、スタッフがホワイトボードに書き込んでいく。ボードは文字でびっしりと埋め尽くされた。

「あんな風に、自分の意見がどんなものであっても書き出してもらえると、生徒は認められた気持ちになるんです」と、傍らで見守る大野教諭。

意見を書き終えたスタッフは、生徒たちに向き直った。

「A男とA子はどっちの立場が上だった？　A男が上だったよね。でも恋愛に、どっちが上でどっちが下ってないよね。A子は全く悪くないよ。この劇のように、力の差がある恋人同士の間で起きる暴力をデートDVといいます。デートDVは、男性から女性に行うものだけでなく、女性から男性に行う場合もあるし、同性間でも起きます。どんなに好きでも、相手が嫌がることを無理矢理やったら暴力です。相手のことをちょっとでも怖いと感じた時に、『これってデートDVだな』と気付いてほしいです」

「どんな関係性がデートDVなのか」に気が付けるだけでも、このワークショップを受ける意義は大きいだろう。交際相手の機嫌が悪くなるのを恐れ、嫌々ながら性行為に応じていた前述のモエさん（前述71頁）は当時、「デートＤＶ」という言葉を知らなかったという。自分が被害にあっていることを自覚出来なければ、助けを求めようもない。

ワークショップの最後、スタッフは生徒たちに「何かあったら電話してね、誰かに相談することが大事だよ」と話し、デートＤＶ110番の番号を伝えた。

「困ったときに『助けて』と言う相手って、親じゃなくてもいいんじゃないかな、と思うんですよね」とスタッフは私に語った。

「周りに話せる大人が見つからなかったら、まずは電話相談してもらって、他に誰が話せるかなって一緒に考えたい。学校の先生かもしれないし、習い事の先生かもしれないし。他のどの大人に話せるかはその子が決めていいって伝えています。だから逆に親がそれを知った時、『なんで私に話してくれなかったんだ』って思うかもしれないけど、でも『よく話せたね』って言って下さい、と保護者の方には言っています」

阿部さんは、「親からもらった身体をこんなにボコボコにされて、だから申し訳なくて話せないっていう人もいました」と振り返る。「大事に育ててもらったのに申し訳ない」と、強制売春の被害を親に言えなかったカナさん（前述82頁）を思い出した。

1週間後、2回目のワークショップ。デートＤＶにならない関係を考えてもらうために、前回行った寸劇のシナリオを、生徒たちに書き換えてもらうのだという。

「A男もA子もB子も、本当の自分の気持ちを伝えられていなかったよね。自分の気持ちをしっかり伝えて、相手の気持ちも尊重することで、対等で暴力じゃない関係になるよう、セリフを書き換えてみよう。みんなの意見は違っていいんだよ。お互いの意見を認め合うことが、尊重するということです」

グループごとに分かれた生徒たちは、「A男は彼女を自分のモノみたいに扱ってない？」「B子は本当にカラオケに行かなくてもいいと思ったのかな」などと話し合いながら、新しいシナリオを考えていった。

各グループが作った新たなシナリオに沿って、スタッフたちは劇を再演する。あるグループのシナリオはこんな内容だ。

A子「きょうはB子とカラオケに行くから、映画は無理」

A男「いいじゃん、行こうぜ」

B子「あんた、ちょっと黙んなよ。A子と先に約束していたのは私なのよ」

このやり取りに、スタッフがコメントする。

「嫌なことは嫌と、はっきり言っていいんです。友人も、自分の本当の気持ちを言っていい。

もし嫌と言えなくても、自分が悪いんじゃないよ。でも、自分を大切にしていいんだよ」

別のグループは、次のようなA子のセリフを考えた。

A子「ごめんねA男、来てくれてありがとう。でもきょうは、B子とカラオケに行くんだ」

「この『ごめんね』や『ありがとう』がすごく大事です。この言葉を言えれば、A男も不愉快にならなかったんじゃないかな」とスタッフ。

寸劇の後、自分の気持ちの伝え方として、「I（アイ）メッセージ」が紹介された。「私は」を主語にして伝えるという方法だ。「あなたは」を主語にする「YOU（ユー）メッセージ」だと、攻撃的になってしまうことがある。相手に命令したり指示したりするのではなく、「私はこう思うよ」と、自分を主語にして伝えるところがポイントだ。例えば、「あなたっていつもこうなんだから」と言うところを、「私は、本当はこうしてほしい」と言い換える。

「どちらかの言い分だけが通るのではなくて、お互いの気持ちを大切にしあえるような言い方が出来るといいね。それが、対等な人間関係だよ」

そうスタッフは締めくくり、2回にわたるワークショップが終わった。

参加した生徒に、感想を聞いてみる。

ある女子生徒は、「ちょっと殴ったり、つねったりすることも暴力になるとは知らなかったです。これまで自分もよく彼氏との間で、やったりやられたりしてきたのに。これから、どうコミュニケーションを取るか考えないと。今回の話は今後、頭の隅に残ると思います」、と語った。

男子生徒は、「彼女の嫌がることはしないようにしようと思いました。このワークショップで言われたことは、普通の人間関係でも役立つと思う。人のことを、自分のことよりも優先して考えたいです」、とのこと。

この高校では、このデートDV予防ワークショップの必要性を認識し、PTAからの後押しも受けて、実施の費用を予算化している。「費用対効果の点で、十分な成果を実感出来ます」、と大野教諭。

性的な撮影を強要された場合でも、自分の気持ちを大切にし、嫌なことは嫌と言えるようになれば、深刻な事態に発展しないのではないかと思われる。ただ、自分を大切にしてもいいと言われても、これまで周りから大切にされてこなかった子どもにとっては、やはり難しいのではないだろうか。

「自分を大切に思えることって、自分1人では出来ないんじゃないかな」、と阿部さん。

「誰かが『あなたは大切だよ』と言ってくれたり、あるいは何か嫌なことがあっても、『あなたは悪くない』と言ってくれたりするもう1人がいることが大事だと思います。それで、この言われた1人がまた次の1人に言って、連なっていくこと。1人だけでは、暴力はなくしていかれないいんですよね」

自分を大切だと言ってくれる人とは、どうすればつながれるのか。もちろん、このワークショップを通じて子どもたちが、「あなたは大切な存在だよ」と言ってくれる大人に出会うのが1つの方法だ。さらにもう1つの方法として、「助け合って」というメッセージを広めることが重要だという。

「大体そういう被害者は、人に迷惑をかけたくないと思っていますから。『迷惑かけるな』って言われて生きてきたし。こんなことで誰かに迷惑かけちゃいけない、と思ってしまうんです。それは自分に、誰かに助けてもらうほどの価値がないと思っているから。助けてもらうっていうのに、ものすごく力がいるんですよ。自分は助けてもらっていい存在なんだ、と思えることが大切です。世の中のメッセージには、『1人で頑張りなさい』というのがいっぱいある。でも、こういう問題をなくしていくためには、『助けてもらっていい』『人の力を借りていい』っていうメッセージを、もっと増やしていくことが大事だと思います」

相手の権利を尊重しながら自分の権利も主張することを「アサーティブネス

（Assertiveness）」という。アサーティブネスについては主に9つの権利が知られており、エンパワメントかながわも、それらを子どもたちに伝えている。

あなたは、あなたが何をするかを自分で選んで決めていい
あなたは、自分の良いところや能力を、ちゃんと認めてもらっていい
あなたは、誰かにあなたの愛情を伝えていい
あなたは、自分の意見や価値観を、正直に相手に伝えていい
あなたは、他の人の気持ちにではなく、自分の気持ちにそって、「はい」「いいえ」を言っていい
あなたは、まちがえてもいい
あなたは、気持ちや考えが変わったら、決めたことを変えていい
あなたは、自分の一番の希望を、いつでも相手に伝えていい
あなたは、あなたのままでいい

ネットとの付き合い方を見直す

リベンジポルノの被害にあうことを防ぐためには、デジタル画像やネットが持つ特性を知っておくことも必要だ。すなわち、デジタル画像はコピーやネットへの投稿が簡単に出来ること。自分のデジタル画像を誰かに渡せば、相手はそれをネット上で拡散することも可能であること。ネット上では身元を詐称することも容易なこと、などだ。

こうした点についてはこれまで、ネットを介したいじめや援助交際といったトラブルを防ぐための目的で、全国的に啓発活動が行われ、教材も充実してきた。小学生時代にチャット上で顔画像の送付を迫られたユカさん（前述9頁）も、チャットを使う際には、自分の本名や電話番号、住所といった個人情報は出さないよう気を付けていた。

『ネット利用のマナー』を紹介するサイトがあって、面白いなと思って見ていたので。それの影響ですかね」、とユカさんは振り返る。

一方、リベンジポルノという切り口からネットとの付き合い方を啓発する活動は、この問題が比較的新しいということもあり、まだほとんど見受けられない。

「ツール（道具）だと思うんですよ、ネットも携帯もスマホも。それらをどう使うか、なんですよね」

こう語るのは阿部さんだ。

「ツールが発展して普及していくことに対して、使い方が追い付いていない。画像をネットに1回出したらもう取り戻すことが出来ないとか、友達に送ったつもりが世界中に飛ぶんだよっていう、そういうネットの怖さを教えきれていないと思います。ツールを渡したときに、大人もわかっていないし、子どものほうがすぐに使えるし。大人が全部わかってから、子どもに渡すってことをしなきゃいけないんです。フィルタリングをかければ済むっていう話でもないですから」

そうした中、少しずつではあるが、子どもたちにリベンジポルノの危険性を伝えていこうとする動きが芽生えている。

2015年2月、ライトハウスは漫画『BLUE♡HEART～ブルー・ハート～』（資料3－6参照）を発刊した。子どもを性の商品化から守るためとして、「リベンジポルノ」のほか、「JKビジネス」、「男の子のポルノ被害」の計3話を掲載している。いずれも、実際の事例に基づく内容だ。

【資料3－6】

Lighthouse
BLUE HEART
ブルー・ハート
誰にも話せない
でも誰かに聞いて欲しい
私の気持ち——
作画 Coo
原作 ライトハウス
BLUE HEART ブルー・ハート
作画 Coo 原作 ライトハウス
本書に協力してくれたみなさんのご意見より……
みなさん、ありがとうございました！
BLUE HEART

ちょっと
エロい感《かん》じのが
いいな
服《ふく》脱《ぬ》ぐとか…
お願《ねが》い！
ハルカ！
えー？
恥《は》ずかしいよ
ムリムリ！
えええ～…
…ここから
ハルカの住《す》んでる
ところまでは
新幹線《しんかんせん》でも
半日《はんにち》かかるんだよ
お金《かね》だって
すごく必要《ひつよう》だし…
部活《ぶかつ》もあるし
今《いま》すぐ会《あ》いに行《い》くのは
ムリっぽいから
でも
ハルカのこと
大好《だいす》きだ
会《あ》いたいよ
好《す》きだから…
離《はな》れてても
身近《みぢか》に感《かん》じて
いたいんだよ
66
ハルカは…
俺《おれ》のこと
信《しん》じられ
ないの？
ズキッ
！
…わかった
送《おく》るね…
そうして
せがまれて
1枚《まい》また1枚《まい》と
送《おく》って
しまいました
…削除《さくじょ》…と
ホー
こうしてすぐ
消《け》しちゃえば
二人《ふたり》だけの秘密《ひみつ》
だし…いいか…！

リベンジポルノを題材にしたストーリーは次のようなものだ。

ごく普通の中学3年生の女の子が、受験勉強で悩んでいた時に、SNSで知り合った高校生の男の子と仲良くなる。ネット上で「付き合おう」と盛り上がり、求められて自分の下着姿の画像を送った。その後、勉強が忙しくなり、彼との関係は自然消滅。ところが高校生になってから、それらの画像が写真投稿サイトに、自分の名前や学校名と共に載せられていることに、友人から指摘されて気付く。教師にも知られて絶望的な気分になったが、促されて思いきって警察へ行き、犯罪として捜査してもらうことにした。高校生だという男の子は、実はプロフィールを詐称した大人であったことも明らかに……。

「『まさか自分が』っていうような、恵まれた環境にあったり、進学校に通うような真面目な子であったりしても、被害に巻き込まれてしまうっていうのを描きたくて」と藤原さん。

物語にリアリティを持たせるため、中高生40人に聞き取り調査を実施。登場人物のインターネットや言葉の使い方など、細かい描写に反映させた。実際に困った時の相談先も紹介し、「こういう目にあったらどうすればいいのか」を、子ども自身が学べるようになっている。学校や児童施設などに、希望があれば無料で送付する。

2015年秋からは電子書籍として無料配布し、スマホでも読めるように。このような形であれば、たとえ貧困や虐待、いじめなどにより教育がまともに受けられない子どもであっても、手に取りやすい。

「そういう子どもたちが読めるようなツールを、用意しておきたいと思っています。例えば、『ＬＩＮＥマンガ』（無料で連載漫画が読めるサービス）のアプリとかはみんな持っているから、その作品群の1つにするとか。子どものトラブルが発生しやすいＳＮＳの運営業者が責任を持って、子どもたちが情報収集をしている場にこの漫画をバラまいてくれるよう、働きかけることも目指しています」

若者が子どもに、リベンジポルノの防止を呼びかける試みも登場した。２０１５年3月、兵庫県教育委員会などが主体となる「ネットトラブルから子どもを守る協働会議」が、「ネットトラブルから自分を守ろう～被害者にも加害者にもならないために～」と題した動画を制作。中高生向けに、地元の大学生が実体験を話しながら、ネット利用の注意点を説明するものだ。

この動画では、トラブルの1つとして、リベンジポルノも取り上げている。学生たちが、県警サイバー犯罪対策課員との座談会の中で、身近な例を話し合う。

ある男子学生は、

「付き合っていた時に、彼女の画像をたくさん撮影してＳＮＳに載せていた。そうするのが楽しかったから」、と自分の体験を告白。

これに警察官が、

「その時は良くても、後々大変な事態になることがあります」、と応じる。

「交際が破たんした時に、腹いせで彼女の性的な画像をネットにバラまく人もいます。犯人を捕まえたところで、いったん出回ってしまった画像は、やっぱりなかなか消せません。スマホやパソコンに保存している画像が、ウイルスに感染して流出してしまうこともあります。スマホなどに恥ずかしい画像を残しているなら、すぐに削除しましょう」

男子学生は、

「画像を1枚ネットに載せるだけで、将来苦しむことになる場合もある。投稿する時は、ちゃんと立ち止まって考えないと」と語った。

中高生に受け入れられやすいものを作ろうと、この動画では、大学生たちが編集や企画に携わった。近い世代の者が自らの実体験を挙げ、トラブルの種が身近にあることを強調すれば、子どもたちへの説得力も増すだろう。

兵庫県教育委員会は、動画を学校で教材として使ってもらうことを想定し、ホームページで公開している（http://www.hyogo-c.ed.jp/~board-bo/netdouga/index.html）。

これらの漫画や動画は、子どもにメッセージが届きやすいよう工夫されており、まさに「イケてる支援」と言えよう。恋愛関係にある者に、「性的な画像を撮らせるな」と言うのが非現実的であることは、本書で繰り返し述べている通りだ。だが、こうした拡散のリスクを知識として教えておくことで、恋人に求められるままに撮影に応じてしまいがちな子どもに対し、「本当に撮らせてもいいのかどうか」を判断する材料を提供出来るのではないだろうか。

4 リベンジポルノをなくす方法はあるのか

加害者への働きかけ

リベンジポルノに関しては、画像を拡散された側は被害者であるにもかかわらず、「あんな画像を撮らせたのが悪い」「自分で送ったのが悪い」などと、逆に非難を浴びがちだ。だが何度も言うように被害者は、自分の性的な画像を無断で拡散されることについては、同意していない。リベンジポルノの全面的な責任は、被害者の信頼を裏切った加害者にある。よって、リベンジポルノをなくす根本的な方法を考えるのであれば、加害者への働きかけが不可欠だ。

リベンジポルノの加害者の心理の特徴として、相手が自分の思い通りにならないのが許せないことや、被害者の不幸が自分の幸せと思っていることがある。そのような思考に至る背景に、暴力にさらされる環境にいたために自己感が十分に形成されず、愛情に飢え、他者に共感する能力も育たなかったという、成育歴の影響が見られる場合がある。

恋愛に起因するリベンジポルノの加害者の多くは、デートＤＶの加害者だ。このため、阿部さんは人権の観点からのアプローチを提唱する。

「『自分を大切にしてもいいんだよ』っていうメッセージが、加害行為も止められるのではないかと思っています。デートＤＶで加害行為をしてしまうような子どもは、自分を大切に思えない、暴力の連鎖の中にある。暴力を見てきた、あるいは学んできたから暴力を行なうのであって、オギャアと生まれた瞬間から暴力を振るっている加害者はいないですよ。暴力って、どこかで学んできたもの。だとしたらその子どもは被害者でもあるんですよね。自分を大切に出来ていないと、だれかに暴力を振るいたくなるものだと思う。加害者になりやすいと思います」

ネットやスマホというツール同様、暴力も「使い方次第」だと、阿部さんは指摘する。

「暴力って、力ですよね。自分の力を暴れさせる、乱用することが暴力。力をどう使うか、なんだと思います。利用するか、乱用したり悪用したりするか、どう使いたくなるかってところじゃないですか。だからその点へのヒントとして、『まずは自分の人権を守るところから変わっていこう』というメッセージを伝えています」

自分を大切に出来ていたら、相手を大切に出来る。そういうことを子どもが教えてくれる、と阿部さん。この10年間に、デートDV予防やいじめ予防のワークショップを通して15万人もの子どもたちに出会い、そう感じるのだという。

「『あなたは大切だよ』ということを伝えた子どもが、『いじめていたけど、やめたいんだ』と言ってくるんです。加害をやめたいと。たった1時間のプログラムを受けて、小学生はそう言うんですよ。自分には、『自分は大切な存在なんだ』って言う権利があるんだってことを知ったと。自分は大切だということを知った、だから友達も傷つけたくないって気付いた。だからどうしたらいい?、と相談にくるんです。それが、私たちは子どもの力だと思います。自分は友達を傷つけてきた、と泣きながら話してきたりして。なんでそんなことを言ってきてくれるんだろう、と思うことが、すごくたくさんあります。人権を伝えるってこういうことなのかな、と実感しています」

わずか1時間のプログラムが子どもに気付きを与えるとは、これまでいかに彼女ら彼らが、「あなたは大切」と言われてこなかったかの裏返しだろう。内閣府が２０１３年、日本や米国、韓国、ドイツ、フランスなど7ヵ国の13歳から29歳の男女を対象に実施した意識調査によれば、「自分自身に満足している」「自分には長所がある」と答えた日本の若者はそれぞれ46％と69％。いずれも80％から90％に達する米国やドイツ、フランスとの差は大きく、最下位だった（内閣府『平成26年版 子ども・若者白書』、２０１４）。

自分は大切な存在なんだという感覚を、より具体的に知ってほしいと活動するのが、ＮＰＯ法人「しあわせなみだ」の中野さんだ。リベンジポルノやデートＤＶの予防に関する講座の講師として、ワークショップを工夫している。

２０１４年11月に開催されたリベンジポルノ防止講座（主催：立川市男女平等参画課）に、私も参加してみた。20代から50代とみられる市民が集っている。

冒頭で行われたワークショップは「『素敵な自分』を発見！ゲーム」。3、4人ずつのグループに分かれ、ある1人を他のメンバーがひたすら褒める。メンバーすべてが「褒め言葉のシャワー」を経験した後、「まったく同じ褒め言葉だった人は、他にいない」ことに気付いてもらう。そして自分が、他に代わることのできない、かけがえのない存在であることを実感させる。

私はまず褒める役。グループ内の人々とは初対面なので、褒められ役の魅力は、見た目で判断するしかない。それでもネタはいくらでもあり、「眼鏡がオシャレですね」「人当たりが良さそうですね」「飲み物を持ち込むなんて用意がいいですね」などと、褒め言葉が口をついて出てくる。自分が褒めることで相手が喜ぶ顔を見るのは、なかなか気分が良いものだと気付く。

さて、いよいよ私が褒められ役になる番だ。周りの人々がこちらを上から下までじっくり眺め、褒めたい点を探しているのがわかる。数秒後、堰を切ったように発言が始まった。

「姿勢がいいですね」「腕時計のセンスが素敵ですね」「お肌がきれいで、羨ましい」……。褒め言葉のシャワーが耳に心地よく、気分が高揚していく。皆に受け入れられ、認められることで、自分が価値のある存在であるように感じる。初対面同士なのに、心の距離が近くなったような気すらする。

考えてみれば私たちは、誰かに正面から向き合って関心を持ってもらい、まともに褒めてもらうということは、あまり経験する機会がないのではないか。「自分を大切に思えることって、自分1人では出来ない。誰かが『あなたは大切だよ』と言ってくれるのが大事」と阿部さんが語っていたのは、こういうことか。

自分は大切な存在なんだという感覚を抱くことで、心は満ち足り、幸福感が高まっていくように思われる。

「性暴力から回復した人はよく、『加害者にも幸せになってほしい』と言うんです」と中野さん。

「なぜなら、幸せになれば、他人に暴力をふるう必要がなくなるから。加害行為をする人は、暴力によって自分が満たされる。逆に言うと、暴力以外では自分を満たす手段を持っていません。加害行為に対する厳罰化だけでは、再犯防止には不十分。加害者が罪を認め、被害者に謝罪し、罪を負って生きていくことを決意する。その上で、暴力以外で幸せになる方法を見つけることが重要である、と考えています」

「あなたは大切だよ」というメッセージを、親から子へ直接伝えるワークショップを行う団体もある。岐阜県各務原市のNPO法人「各務原子ども劇場」だ。いのちを大切にする思いをつないでいくために、地域の子ども向けに「いのちの授業」を行っている。その模様が2013年5月、中京テレビのドキュメンタリー『ニッポンの性教育　セックスをどこまで教えるか』で取り上げられた（YouTube中京テレビ公式チャンネル〈https://www.youtube.com/watch?v=5aXe42tU2vk&feature=youtu.be〉）。

いのちの授業の一環が、「愛を叫ぶ」というワークショップ。母親たちと子どもたちがそれぞれ一列になって、少し距離を取り、向かい合って並ぶ。

「お母さんからお子さんに、大好きなところを伝えましょう」とスタッフ。

母親たちは1人ずつ、我が子に向かって大きな声で呼びかける。

「Aちゃ〜ん、いつも何でも頑張れる一生懸命なAちゃんが、お母さんは大好きです」

「Bちゃ〜ん、大好きだよ」

「とても優しいところが大好きです」

叫びながら、涙ぐむ母親も。

呼ばれた子どもたちは、嬉しさと照れくささで頬を紅潮させながら、親のもとへ駆け寄っていって抱きつく。「大好きって言ってくれたところが一番嬉しかった」と、ある女の子。あなたが大切、と心では思っていても、恥ずかしさが邪魔をし、なかなか面と向かっては我が子に言えない親も多いことだろう。このようなワークショップが、子どもが自分の存在を肯定出来る機会になる。

「性教育の一番の基本となるのは、『あなたの存在』。生まれてきて良かった、自分がここにいていいんだ、私は私のままでいいんだっていうことを、一番わかってほしいと思って伝えています」

古川明美理事長は、ワークショップの狙いをそう語る。

もちろん、全ての子どもが親からたっぷりの愛情を注いでもらっているわけではない。虐待に苦しめられている子どももいる。だからこそ、エンパワメントかながわや、しあわせなみだが行うようなワークショップを、学校や行政が設けることも大事だ。

家族から、恋人から、友人から、教師から。皆が身近な人に「あなたは大切な存在だよ」と伝え、お互いに認め合っていくこと。それが暴力の連鎖を食い止め、リベンジポルノの加害者を生みださない、遠いようで近い道ではないだろうか。

子ども補導より「おじさん補導」

「あそこにいるスカウトの男たちは、私服警官の写メを交換しているんですよ」

仁藤さんが耳打ちした。歓楽街の一角で、20代とおぼしき男2人がスマホを見せ合っている。JKビジネスを摘発に来る私服警官の顔などに関する情報を、仲間内で共有するのだという。

2014年11月、私はColaboが主催する「夜の街歩きスタディツアー」に同行した。都内の歓楽街を夜間、子どもたちの目線で歩き、どのような危険があるかを体感しながら学ぶもの。2014年の6月に始まったこのツアーには、既に300人以上が参加したという。

今回集まったのは、子どもの支援活動をするNPO団体のスタッフや弁護士、マスコミ関係者など計9人。仁藤さんやスタッフに引率されながら、1人ではなかなか歩く機会のない、夜の街の奥へと入って行く。

「JKカフェ」「出会いカフェ」など、若い女性と出会えることを売りにした店が目に付く。「女子高生どうですか、女子高生」と、客引きに声をかけられたスーツ姿の男性2人組がニヤついている。

寒空の下、ミニスカートの制服を着た女子高生たちが震えながら道に立っている。自分たちが働いているメイドカフェや萌えカフェの案内板を手に、通行人の男性たちに声をかける。サービス内容や料金を質問する男性は、まんざらでもない表情だ。

こうしたJKビジネスで働く少女たちが、JK撮影会や児童ポルノといった性産業に起因するリベンジポルノへと巻き込まれていくかもしれないと思うと、見過ごせない。

客引きをしている女子高生については、警察が補導対象とすることがある。警察はまた、SNSや出会い系サイトで援助交際などを募集する子どもを見つけ、身分を明かさずにネット上でやり取りし、実際に会った上で注意や指導をする「サイバー補導」も2013年から行っている。だが、子どもに近づこうとする大人に対しては、実際に性行為をしない限り、積極的に取り締まろうとしない印象だ。

子ども補導より「おじさん補導」が実施されるべきだと、仁藤さんは憤る。

「子どもは補導されたり、警察に相談したりすれば、親や学校に連絡がいってしまうじゃないですか。そういう危ないことをしようとするおじさんこそ補導して、親や奥さん、職場に警察が連絡してくれたら、子どもへの性加害は減るだろうと思います」

だいたい、子どもを補導する警察官の一部は、なぜあんなに態度がデカいのだろうか。「こんな所で何やっているんだ」「そんなことしちゃダメだろう」などと、頭ごなしに子どもが悪いと決めつけたような口調だ。これでは、せっかく警察に助けを求めようとした子どもも怯えてしまう。

例えばサイバー補導では、援助交際を求めるおじさんからの書き込みに対し、警察官が子どもを装っておじさんをおびき出し、補導してはどうか。実際に性加害が起きてからでは遅いのだ。性行為は未遂でも、子どもを狙おうとする行為自体が大きなリスクとなる仕組みを作ることが、けん制につながるのではないだろうか。

子どもを性的に搾取する風潮にも、より厳しく対処する必要がある。テレビでは10代のアイドルが下着の見えそうな超ミニスカートを着用してチヤホヤされ、一般の少女たちの、性的な撮影に対する抵抗感を麻痺させている。子どもを性の対象として描く漫画やアニメにしても、18歳未満は閲覧禁止のものが、おじさんは見放題である。こうしたものへの規制の必要性を改めて考え、「子どもを性的に扱うことは許さない」との機運を高めたい。

若者につけ込む大人の手口を見習う

支援のあり方にも、改善の余地がある。相談機関に求められる工夫については既に述べた。だが仁藤さんは、「窓口を設置しているだけでは、なかなか当事者は来ない」と言う。悩んでいても、窓口の存在を知らなかったり、自分が行くべき所ではないと思ったりして、足が向かない若者たちがいる。

「窓口に来ない女の子たちにこそ、アプローチしていく必要があると思っています」と仁藤さん。自ら夜の街に出向いて、若者に声をかける。

「22時半以降がメインです。終電前に、家に帰れない子とか帰りたくない子に声をかけて、そこからつながる。『帰るところあるの？』『困ってない？』『お腹すいてない？』、と。そこから関係性を作って、支援してきました」

それでも、新宿や渋谷では毎日200人ぐらいのスカウトが少女たちに声をかけている。仁藤さんたちが一生懸命に声かけをしても、悩める少女たちの何万分の1にしか届かない。人海戦術では、とてもスカウトに及ばないのだ。スカウトに甘い言葉をささやかれた少女たちは、そのままJK産業などに取り込まれ、リベンジポルノの被害にあってしまう危険性がある。

「本当は、支援する側がもっと声かけをしなきゃいけないんです」

地方自治体や民間団体が運営する相談機関には、資金の乏しさから、夜間の声かけに人を割きにくいといった事情もあるだろう。ならばせめて、ネット上の支援をもっと充実させようと仁藤さんは提案する。

「何かあった時に相談出来るアプリ、みたいなものがあったらすごくいいなと思います。例えば『いまここで痴漢された』という相談を、位置情報と共に送ると警察が動いてくれるとか。その相談を、匿名で出来るとか。『ここで変なおじさんに声かけられた』とか。わざわざ110番しなくても、困ったことを言えるツールがあるといいですね」

電車内で痴漢にあったり迷惑行為を見かけたりした時、加害者の目の前で110番に電話をかけるのは難しいだろう。スマホのアプリでこっそりと連絡したら、次の駅で警察官が乗り込んでくる、といったシステムが出来れば非常に心強い。

このようにネット上で支援をしたいと考える人々へ、仁藤さんからアイディアがある。

「若者につけ込む大人の手口を見習う」のだ。

若者を狙う大人は、中年のおじさんであっても、10代に流行っているアプリのことを勉強し、よく知っているという。「斉藤さん」（前述14頁）のような、中高生しか知らないようなアプリにもわざわざ潜入してくる。動機は不純だが、徹底的な若者目線だ。

「だから支援者も、若者たちに馴染みのあるツールをうまく使わないと。例えばツイッターで『こういう手口が危ないよ』とわかるように広告を打つとか、ＬＩＮＥでそれを読むとスタンプがもらえるとか。そういうサービスが気軽に利用出来るといいですよね。相談機関に直接行かなきゃダメで、行くのにも予約が必要で、それも1週間待ちとか言われちゃうと、『もういいや』ってなっちゃいますから」

大人が変わらないと

リベンジポルノをなくすためには、若者を守りたい大人たちも変革を迫られる。

「大人の意識が変わらない限りは、若者たちは声を上げられない」と仁藤さん。

性被害にあった少女は、最初は軽い感じで、周りの大人に言っている場合が多いという。本当は性的な暴行を受けたとしても、「なんか、胸を触られかけたんだよね」などと、さりげなく口にしてみる。

「でも周りの大人から、『それ、あなたが悪いんじゃない？』とか、『なんでその人の家に行ったの』とか、『その時そんなことをしていたからだよ』とか、『自分が誘ったんじゃないの？』とか、『なんで最初にキスされた時、何も言わなかったの』とか言われたりして。やっぱり私が悪いんだ、断れなかったから、自分はなんであの時嫌だったのに断れなかったんだろう、自分は汚らわしい、って思っていくパターンがすごく多いです」

大人は、若者から反応を試されているのだ。軽めの被害を打ち明けられた時に、大人がしっかり寄り添えなければ、若者は本当に深刻な被害を打ち明けることはない。

リベンジポルノに関しても、この点は同じだと仁藤さんは指摘する。

「『なんでそんな画像撮らせたの』って大人が思う限りは、若者たちは言えないですよね。特に彼氏との間の場合だと。『撮らせた』って言われた時点で、『私が悪かったわ』ってなっちゃいますから。『撮らせたな』って言われたくないから言えない、ってことになる。だから大人たちも、何が問題で、どうしたらいいのか、をちゃんと理解してほしいです。そういう心ない言葉を誰か1人が発した瞬間に、その子はもう一生言えなくなるっていうのが、若者にはありますから。大人が変わらない限りは、やっぱり無理」

「撮らせた」という言葉は、リベンジポルノの責任を被害者に押し付けるものだ。私たち大人は、つい被害者を責めたくなる。あなたがあんな画像を撮らせさえしなければ、と。

だが、リベンジポルノの問題の本質はそこではない。恋愛に起因する場合でも、性産業に起因する場合でも、自らの意思に反して拡散されるために、進んで撮影に応じる被害者などいない。リベンジポルノとは、被害者の信頼を裏切った、「拡散する側」の問題なのだ。

私たちは、「撮らせるな」という被害者に対するメッセージではなく、「拡散するな」という加害者に対するメッセージを広げていかねばならない。リベンジポルノが生まれる背景について、1人1人の大人が理解を深め、被害者の心情に思いを馳せてみよう。そうすることが、被害にあった若者が安心して声を上げられる社会へとつながっていくのだ。

おわりに

本書の企画が持ち込まれた時、実は受けるかどうかを迷った。「リベンジポルノなんて、ごく一部のチャラチャラしている若者が、プライドもなく自分の裸を撮らせるから起きているのだろう。擁護する必要などあるのか」。そんな思いが、私の脳裏をよぎったのだ。

だが、迷っている間も、リベンジポルノのトラブルを見聞きする機会は日増しに多くなる。自分の性的な画像がネットに出回ることが、どれほど苦痛かを想像して背筋が寒くなる。一方、巷には「撮らせた人間が悪い」と被害者を非難する論調が幅をきかせるばかりで、有効な打開策が出てこない。

長年にわたり若者のネット利用をめぐる問題を取材して、彼女ら彼らの心理にはそれなりに詳しいつもりの私ですら、性的な画像を撮らせる行動が理解出来ないのだ。若者と接する機会の少ない人であればなおさらだろう。「もはや撮らせる若者の思いを解明しなければ、リベンジポルノの被害は食い止められないのではないか」。私は、当事者たちを取材することに決めた。

素朴で真面目な感じの女子大生が、「自分の身体を肯定してもらえた」と嬉しそうに裸の撮影に応じる。「親から愛情をもらえなかったから」と彼氏の愛を裸の画像でつなぎとめようとする女性や、「彼氏を怒らせたくない」と嫌々撮影を許す女性。取材を進めるにつれ、性的な画像を撮らせる若者は決して「ごく一部のチャラチャラしている者」ではないこと、プライドも「持とうにも持てない」要因があることが明らかになった。

本書が伝えるのは、ほんの一握りの当事者の声である。だがそれらの声には、我々がリベンジポルノ被害の防止対策を練る入り口に立つための、数々のヒントが込められている。リベンジポルノで責めを負うべきは、被害者の信頼を裏切った加害者であること。「拡散しない」加害者を育てるための働きかけこそが重要であること。大人たちの無理解が、被害者の口をつぐませていること。そして何より、被害者に非はないこと。「被害者が責められる社会はおかしい」と、ある支援者は訴える。

リベンジポルノを防ぐために、課題が浮上した分野は多岐にわたる。子どもを性の対象として描き、身体のコンプレックスを煽るメディア。歪んだ愛情や暴力が支配する家庭。デートＤＶの教育が不十分な学校。相談窓口のハードルを高くする行政。リベンジポルノ防止法の使い勝手を悪くした国、などなど。当事者たちの声がこれらの分野における改善を促し、性を拡散される若者を1人でも減らせるよう、願っている。

最後に、本書を完成させるにあたっては、多くの方に支えられた。取材を受けて下さった当事者やその周囲の方々、支援する立場から語って下さった一般社団法人「Colabo」、NPO法人「しあわせなみだ」、NPO法人「人身取引被害者サポートセンター ライトハウス」、NPO法人「エンパワメントかながわ」の皆さま、そして編集を担当して下さった弘文堂の北川陽子さま。本当に、有難うございました。

2015年9月

渡辺　真由子

◉参考文献一覧

井樋三枝子「アメリカにおける性的図画の流布を処罰する各州法―リベンジポルノ等の犯罪化に関する各州立法動向」外国の立法―立法情報・翻訳・解説260号、2014年
井部ちふみ「米国におけるオンライン青少年保護―カリフォルニア州のリベンジポルノ規制を中心に」情報通信政策レビュー5号、2014年
駒村圭吾＝鈴木秀美編著『表現の自由1 状況へ』尚学社、2011年
駒村圭吾＝鈴木秀美編著『表現の自由2 状況から』尚学社、2011年
阪本昌成『表現権理論』信山社、2011年
曽我部真裕『反論権と表現の自由』有斐閣、2013年
園田寿「刑事立法の動きリベンジポルノ防止法について」刑事法ジャーナル44号、2015年
高橋和之＝松井茂記＝鈴木秀美編『インターネットと法〔第4版〕』有斐閣、2010年
辻村みよ子『憲法〔第4版〕』日本評論社、2012年
時の法令編「法令解説 リベンジポルノ対策―私事性的画像記録の提供等による被害の防止に関する法律（平成26年法律第126号）平26・11・27公布・施行（一部を除く）」時の法令1974号、2015年
法学セミナー編「ロー・フォーラム 立法の話題 リベンジポルノによる被害を防止―私事性的画像記録の提供等による被害の防止に関する法律の成立」法学セミナー60巻5号、2015年
松井茂記「リベンジ・ポルノと表現の自由（1）」自治研究91巻3号、2015年
松井茂記「リベンジ・ポルノと表現の自由（2・完）」自治研究91巻4号、2015年
渡辺真由子「性的有害情報に関する実証的研究の系譜―従来メディアからネットまで」情報通信学会誌30巻2号、2012年
渡辺真由子「子どもポルノをめぐる国際動向と人権」情報通信政策レビュー5号、2014年

【著 者】
渡辺 真由子（わたなべ まゆこ）

メディアジャーナリスト。慶應義塾大学大学院政策・メディア研究科後期博士課程を経て、現在、慶應義塾大学SFC研究所上席所員。元テレビ局報道記者。いじめ自殺と少年法改正に迫ったドキュメンタリー『少年調書～16歳の自殺　遺族は何と闘ったか』で日本民間放送連盟賞最優秀賞、放送文化基金賞優秀賞などを受賞。退職後、カナダのサイモン・フレイザー大学でメディア・リテラシーを研究。

ネット時代の若者を取り巻く「性」や「いじめ」などの人権問題を17年以上にわたり取材し、有害情報から身を守り、賢くSNSとつきあうノウハウを伝授。豊富な取材経験に基づく、青少年心理の分析に定評がある。「人間の尊厳が重んじられる社会」の構築へ向け、執筆活動や講演を精力的に行なう。ジャーナリストと学者の両視点による語り口が、全国の教員・保護者等から好評を得ている。

文部科学省「ケータイモラルキャラバン隊」講師、法務省「人権啓発指導者養成研修会」講師、内閣府「児童ポルノ排除対策シンポジウム」パネリストを歴任。

著書に、『オトナのメディア・リテラシー』（リベルタ出版・2007年）、『性情報リテラシー』（Kindle版・2013年）、『大人が知らない ネットいじめの真実』（ミネルヴァ書房・2008年）ほか。

オフィシャルサイト
〈http://www.mayumedia.com〉

リベンジポルノ――性を拡散される若者たち

2015（平成27）年11月30日　初版1刷発行

著　者　渡辺真由子
発行者　鯉渕友南
発行所　株式会社 弘文堂　101-0062 東京都千代田区神田駿河台1の7
TEL03(3294) 4801　振替00120-6-53909
http://www.koubundou.co.jp

装　丁　大森裕二
印　刷　大盛印刷
製　本　井上製本所

ISBN978-4-335-55175-8